23934

2271.
E.3

23934

BIBLIOTHEQUE
UNIVERSELLE
DES DAMES.
Première Classe :
VOYAGES.

Il paroît tous les mois deux Volumes de cette Bibliothèque. On les délivre soit brochés, soit reliés en veau fauve ou écaillé, & dorés sur tranche, ainsi qu'avec ou sans le nom de chaque Souscripteur imprimé au frontispice de chaque volume.

La souscription pour les 24 vol. reliés est de 72 liv., & de 54 liv. pour les volumes brochés.

Les Souscripteurs de Province, auxquels on ne peut les envoyer par la poste que brochés, payeront de plus 7 liv. 4 s. à cause des frais de poste.

Il faut s'adresser au Directeur de la Bibliothèque, *rue d'Anjou, la seconde porte cochère, à gauche, en entrant par la rue Dauphine, à Paris.*

BIBLIOTHEQUE
UNIVERSELLE
DES DAMES.
VOYAGES.
TOME TROISIÈME.

A PARIS,

Rue d'Anjou, la seconde porte cochère à gauche, en entrant par la rue Dauphine.

Avec Approbation & Privilége du Roi.

1786.

BIBLIOTHÈQUE
UNIVERSELLE
DES DAMES.
VOYAGES.
LETTRE PREMIÈRE.

A vingt ans, madame, j'ai quitté ma patrie. A vingt-neuf tranſporté aux extrémités de l'Aſie, j'oſe vous offrir le recueil de mes longues courſes & de mes obſervations. Puiſſe cet hommage charmer quelquefois vos loiſirs ! Il aura toujours l'importance de l'hiſtoire, & quelquefois auſſi, par la ſingularité de mes récits, le charme du roman ; car l'homme qui nous est étranger a souvent à nos yeux, précisément parce qu'il est étranger, l'air & la physionomie d'un personnage créé par l'imagination.

Je vous exposerai donc sans art, madame, le génie qui gouverne les différens peuples, les loix qui les enchaînent, & les usages qui les distinguent les uns des autres. J'ose vous assurer d'avance que vous verrez par-tout le physique commander au moral ; vérité que Montesquieu avoit reconnue, & que le récit des philosophes voyageurs confirme tous les jours.

LETTRE II.

De King-ki-tau, Capitale de la Corée, le 20 Décembre 1780.

LE dessein que j'avois de visiter le royaume de Corée me décida à m'embarquer sur un vaisseau japonois qui faisoit voile pour la capitale de cette contrée. Ma bonne fortune me fit rencontrer sur ce navire un vieil officier coréen, qui, après avoir terminé heureusement une négociation secrète dans le pays que nous laissions, retournoit dans sa patrie. Les manières honnêtes & aisées de ce vieillard firent sur mon ame une impression singulière. Il s'en apperçut aisément ; & prévenant le desir que j'avois de lui adresser la parole :

« Jeune homme, me dit-il du ton le plus doux & le plus affable, puis-je sans être indiscret connoître le motif qui nous réunit ici ? vous me paroissez étranger ; &, comme j'ai lieu de le croire, la Corée est sans doute le but de votre voyage. Si la protection du roi mon maître peut servir vos projets, procurez-moi le plaisir de faire valoir pour votre utilité les bontés dont il veut bien honorer ma vieillesse. Si je dois à des raisons cachées l'avantage qui nous rassemble, je me tais ; mais j'espère que vous accepterez chez moi un asyle que vous ne pouvez refuser à mon empressement ».

Je remerciai ce généreux militaire; & pénétré de reconnoissance pour des procédés aussi nobles, ses offres furent pour moi des ordres. Je lui dis que l'envie de m'instruire m'avoit inspiré dès ma jeunesse un goût décidé pour les voyages, & que je me réjouissois beaucoup dans l'espoir de me trouver bientôt chez un peuple dont sa personne me donnoit déjà l'idée la plus avantageuse. A ces mots, mon respectable compagnon laissa échapper un sourire, où je crus démêler un éloge pour mes goûts, & pour lui, un regret bien vif d'être né dans un climat, où les sciences, encore au berceau, n'auroient à m'offrir que des hommes vieillis dans une longue enfance. Il me donna cependant une opinion bien différente par le récit qu'il me fit des diverses révolutions qui avoient agité son pays. Le feu qu'il mit à raconter la défaite qui l'avoit assujetti à payer tous les ans un tribut à l'empereur de la Chine, m'annonça une imagination élevée, capable des plus grandes vues : sur-tout l'investiture humiliante que son souverain est forcé de recevoir à genoux par les mandarins d'un monarque étranger, auquel il paye une somme considérable, l'obligation d'attendre l'agrément de la cour de Peking pour donner à son épouse la qualité de reine, révoltoit ce fier habitant du nord; & mon étonnement lui paroissant un doute : pour achever, dit-il, de vous convaincre, je vais vous faire voir la copie d'une supplique présentée à l'empereur *Kang-hi* par un roi de Corée. Il tira aussi-tôt de son portefeuille un écrit conçu en ces termes :

« Moi, votre sujet, je suis un homme des plus infortunés. Je me suis vu long-tems sans héritier, jusqu'à ce qu'enfin il m'est né un fils d'une concubine, dont j'ai cru devoir élever la fortune à cette occasion. C'est de cette fausse démarche qu'est venu tout mon malheur. J'ai obligé la reine *Minchi* de se retirer, & j'ai fait reine à sa place ma concubine *Chang-chi*, comme je n'ai pas manqué alors d'en informer votre majesté. Mais faisant aujourd'hui réflexion que *Minchi* avoit été créée reine par votre majesté, qu'elle a gouverné long-tems ma famille, qu'elle m'a assisté dans les sacrifices, qu'elle a rendu ses devoirs à la reine ma grand-mère, & à la reine ma mère, & qu'elle m'a pleuré pendant trois ans, je reconnois que j'aurois dû la traiter plus honorablement, & je suis extrêmement affligé de m'être conduit avec tant d'imprudence : enfin, pour me rendre aux desirs de mon peuple, je souhaiterois aujourd'hui de rétablir *Minchi* dans son ancienne dignité, & de faire rentrer *Chang-chi* dans sa condition de concubine. Par ce moyen, le bon ordre regnera dans ma famille, & la réformation des mœurs commencera heureusement dans mon royaume ».

« Moi, votre sujet, quoique par mon ignorance & ma stupidité j'aie fait une tache à l'honneur de mes ancêtres, j'ai servi votre majesté depuis vingt ans, & je suis redevable de tout ce que je suis à votre bonté qui me sert de bouclier, & qui me protège. Je n'ai point d'affaire publique ou particulière que je veuille vous cacher ; & c'est ce qui m'a fait prendre deux ou trois fois la hardiesse de solliciter votre majesté sur celle-ci. J'ai honte à la vérité de sortir des bornes de mon devoir ; mais comme il est question du bien de ma famille & des defirs de mon peuple, j'ai cru que fans bleffer le refpect, je pouvois préfenter cette fupplique à votre majefté ».

La demande fut accueillie, ajouta l'officier; mais l'année fuivante le même prince s'étant permis un mémoire dont les termes ne convenoient point à la modeftie d'un demi-roi, une amende de dix mille onces chinoifes d'argent, qu'il fallut fournir pendant trois ans, lui apprit que les dieux de la terre, comme ceux dont ils font l'image, exigent un cœur tout entier.

Le roi de Corée, obligé d'aller recevoir, hors des murs de fa capitale, les ambaffadeurs Chinois, tandis que les siens à la Chine cèdent le pas aux mandarins de la seconde classe ; l'espèce de contrainte où l'on retient ici l'envoyé de la Chine ; la manière scrupuleuse dont on se fait rendre compte de ses actions & de ses paroles, sous le prétexte de s'intéresser à sa santé ; les marques d'attention qu'on lui donne pour l'éloigner des affaires secrètes du gouvernement, alloient fournir le sujet d'un long entretien, lorsque les cris des matelots vinrent frapper nos oreilles. Nous montons sur le pont. A la plus grande tranquillité avoient succédé le désordre & l'effroi. Notre vaisseau retenu dans les rochers & les sables, occupe tous nos rameurs. Loin de ranimer son courage, le timide passager renonce à ses foyers, & tremble de rencontrer la mort que le sage ne craignit jamais. Un travail opiniâtre nous dégage; la liberté ramène l'espoir & la saillie. On découvre la ville; & au milieu du jour nous entrons dans ses murs.

A quelque distance, je vis un jeune Coréen, qui pressé par sa tendresse venoit d'un pas rapide oublier dans les bras d'un père chéri les douleurs de l'absence Je fus aussi flatté de l'accueil du fils que des offres du père. Comme nous étions assez éloignés de sa demeure, l'affluence du peuple eut le tems de frapper mes regards. Cette portion de l'état, dont le sort est d'être par-tout la plus utile & la plus malheureuse, vêtue de mauvaises peaux, sortoit en foule des chaumières qu'elle habite. Je ne puis nommer autrement ces édifices de roseaux, soutenus par des piliers de bois. Mais on ne doit pas accuser son industrie : les loix enchaînent ses bras ; & la majestueuse architecture n'ennoblit que les maisons des grands. C'est ce dont je m'apperçus en arrivant chez mon protecteur. Un vaste appartement qui précède l'hôtel, que l'on me dit être celui de l'amitié, me fut obligeamment offert. Je remarquai de magnifiques jardins, où les allées couvertes, arrosées par des canaux remplis d'une eau toujours pure & brillante, me rappellèrent les bords fleuris de la Seine. Mais au souper, surpris de la conformité de leur service au nôtre, étonné de voir paroître plusieurs oiseaux qui font les délices de nos amateurs, je crus un instant être assis à quelque table parisienne. Cette ressemblance piqua ma curiosité, & me fit faire quelques questions sur les productions de la Corée.

« Ce n'est point ainsi, me répondit le jeune homme, que nous appellons cet empire. *Trozenborg* est le nom qu'une antiquité de trois mille ans lui a consacré. Il s'étend depuis trente-quatre jusqu'à quarante-quatre degrés de latitude nord ; cent cinquante lieues du nord au sud, soixante-quinze de l'est à l'ouest forment sa longueur & sa largeur. A l'ouest, la baye de *Nanking* nous sépare de nos maîtres. Mais une montagne fort élevée qui occupe toute la partie du nord, nous rappelle sans cesse un voisinage importun. L'immense océan que l'imagination humiliée ne peut embrasser, resserre au nord-est les bornes de ce royaume. C'est là que le froid le plus vif, défendant à la terre sa fécondité, oblige ceux qu'il glace à soutenir leur existence avec des vivres qui hâtent leur malheureuse carrière. Mais sur cette côte, où les rayons vivifians du soleil nous sont plus fidèles, la nature reprend toute sa fierté. Les bestiaux ne craignent point un air mortel. Le peuple doit à leur travail le chanvre qui le couvre, & le ris qui l'alimente, le coton, les racines du *nifi* & du *jinfing* enrichiffent notre commerce. Parés de la peau de nos tigres, nous négligeons la foie pour l'abandonner à l'opulent européen, plus jaloux peut-être de poffédet nos mines qui feroient mieux placées, il eft vrai, dans fon climat, où l'art plus hardi enfante des chef-d'œuvres ».

Ce difcours fuivi de plufieurs autres folutions auffi claires que précifes, me fit juger de la bonne éducation que reçoit ici quelquefois la jeune nobleffe. Frappée fans ceffe de l'exemple des grands hommes, parvenus aux honneurs par les talens qui les arrachent de la foule commune, l'imagination s'excite & promet des merveilles que le tems réalisera peut-être. Il est vrai que cette noble ardeur de s'illustrer, qui anime les Coréens, est ordinairement étouffée en naissant, par la difficulté de s'instruire. L'histoire du pays, quelques mauvais traités d'une morale absurde, forment toute leur science. Trop riche pour des esprits aussi médiocres, l'écriture, par trois caractères différens, exprime la pensée. Le respect infini qu'ils ont pour les livres prouve qu'ils en mériteroient de meilleurs, & qu'alors ils seroient plus justement confiés à la garde du second prince de l'état. Plusieurs manuscrits sont précieusement conservés dans la bibliothèque publique, où les savans les consultent ; cependant ils n'ont jamais pu acquérir assez de lumières pour se composer un almanach : par une suite de leur dépendance, ils le reçoivent tous les ans de la Chine.

Ces docteurs dont l'ignorance est extrême, sur-tout en matière de géographie, (puisqu'ils assurent que la terre n'est peuplée que de quatre-vingt-quatre mille pays,) ne parviennent à cette dignité que par la voie des suffrages. Les députés de chaque province s'assemblent solemnellement pour distribuer au mérite les emplois civils & militaires. Alors le vieux guerrier, insatiable dans ses desirs, fait valoir comme un titre l'or corrupteur qu'il dispense, & imite par sa cabale toute l'intrigue de nos cours. La jeunesse plus instruite, plus caressée de la fortune, entre aussi dans l'arène, & remporte des avantages qui assurent à l'état des défenseurs plus hardis & plus capables. Soutenu par ses talens, le fils de mon hôte enleva dernièrement à la brigue des seigneurs un commandement essentiel; & cette brillante conquête lui en a valu une bien plus chère à son cœur. Une femme charmante, dont les attraits ne vouloient se donner qu'à un homme en poffeffion de l'eftime publique, vient de prendre fon nom. Dans nos villes européenes, la folemnité d'une alliance auffi brillante auroit épuifé le goût de nos artiftes. Mais ici rien de plus fimple qu'un mariage. J'ai vu le matin le modefte époux accompagné de quelques amis monter tranquillement à cheval, traverfer les rues, & defcendre chez les parens de fa maîtreffe qui l'ont conduite dans fa maifon où la fête s'eft terminée.

Les premiers mois de l'union font ceux du bonheur. Mais l'habitude qui traîne ici comme ailleurs, le dégoût à fa fuite, jette bientôt dans le cœur d'une époufe le défefpoir &

la jalousie. Privée même de la triste consolation du doute, elle est obligée d'admettre à sa table trois ou quatre rivales nouvellement en faveur. Le règne de celles-ci détruit, d'autres viendront tourmenter son ame. Cette inconstance, qui est aussi le ton des seigneurs Coréens, abrège ordinairement les jours de leurs épouses ; quelques-unes moins patientes, oubliant leur timidité, font valoir leurs droits ; mais la loi du plus fort, qui est par-tout la même, les chasse cruellement avec leurs enfans, du lit & de la maison de l'époux.

Tel est dans ces climats le sort d'un sexe, à qui le François doit cette politesse aimable qui le distingue si bien des autres peuples du monde. Mais voici un usage qui chez nous trouveroit, je crois, beaucoup d'infidèles. A l'âge de quatre-vingts ans, un père de famille renonce à la conduite de son bien. Mon vieil ami s'est exécuté de fort bonne grace. Il a remis le soin de cette administration, à la vigilance de son fils, qui s'est emparé de toutes ses terres, & lui a fait bâtir une autre maison, où son amitié respectueuse veille à tous les besoins du vieillard. Malheureusement cette jouissance n'a été qu'éphémère. Quelques jours après son abdication, attaqué d'une maladie violente, les médecins que l'on ne voit que chez les grands, lui ont vainement donné les secours de leur art. Inhabiles à profiter des reſſources que leur offre une quantité prodigieuſe de ſimples, leur ignorance a conduit au cercueil le vieillard, qui du bord de ſa tombe faiſoit encore la gloire de ſon pays. J'ai rendu de juſtes hommages à ſes vertus ; & le cœur vivement touché de cette perte, je n'ai point vu ſans effroi les regrets de ſa famille.

A l'inſtant de ſon trépas, ſes parens s'arrachant les cheveux, & jettant des hurlemens épouvantables, ont parcouru toute la ville. Son fils vêtu d'un énorme cilice, & d'une groſſe robe de toile, la tête couverte d'un chapeau de rofeaux verds, fur lequel, au lieu de crêpe, on diftingue une corde de chanvre, une grande canne à la main, doit garder pendant trois ans ces lugubres marques de fa triftefse. Durant ce tems on n'exerce aucun emploi. La couche nuptiale eft déferte, fes fruits font illégitimes, la propreté même eft un crime. Comme on n'enterre les morts qu'au printems & en automne, je ne ferai point témoin de cette cérémonie. Paré de fes plus beaux habits & de quelques joyaux, le défunt, renfermé dans un double cercueil foigneufement fermé, a été placé dans fon jardin fous une hutte de chaume, élevée fur quatre piliers. Le tems des

des funérailles prescrit par les devins arrivé, les parens, m'a-t-on dit, se rendront la veille à la maison du défunt. Après avoir trompé la longueur de la nuit par les plaisirs de la table, le cortége partira à la pointe du jour. Ceux qui d'un pas majestueux portent le corps, chantent en cadence, tandis que l'air retentit des cris de l'amitié gémissante. Rendu à l'endroit de la sépulture, un caveau de pierre orné de sa statue & de quelques inscriptions qui serviront l'orgueil de ses descendans, deviendra son dernier asyle, & le distinguera du plébéien. Chaque mois ramène l'assemblée au même lieu. On coupe l'herbe qui croît sur le tombeau ; & les offrandes de toute espèce s'y renouvellent avec les gémissemens. Les devoirs funèbres sont le principal acte de religion d'un peuple qu'on peut justement appeller idolâtre.

Une statue que l'on nomme Foë, est la divinité adorée des Coréens. Des contorsions ridicules sont les prières qu'ils adressent aux piés de cette vaine image. Les grands, moins superstitieux, s'assemblent quelquefois dans le temple, y brûlent de petits morceaux de bois odoriférans, & se retirent avec l'indifférence qui les y avoit conduits. Le bien récompensé, le vice puni, voilà leurs préceptes. Jamais l'éloquence en persuadant l'esprit ne cherche à intéresser le cœur.

Le doute des mystères n'inquiète point la crédulité. Les prêtres attentifs à jetter deux fois par jour de l'encens sur l'autel du dieu, célèbrent ses fêtes par un bruit confus de chaudrons & de tambours.

Ces religieux doivent leur existence aux aumônes du peuple. Lorsqu'ils s'ennuyent de la solitude, ils ont la liberté de rentrer dans la société. Cet avantage en rend le nombre très-considérable. Dans les couvens, le plus âgé commande. Il inflige une peine sévère à la moindre faute ; mais s'il s'agit d'un délit qui offense l'ordre public, le jugement & la punition en appartiennent à la justice des tribunaux ordinaires. Ces religieux, détestés des gouverneurs, dont l'autorité est triennale, se croiroient avilis par le moindre travail. Ici, comme ailleurs, cette classe d'hommes *s'engraisse d'une longue & sainte oisiveté.* Cependant ceux que le savoir honore sont reçus chez les grands; distingués par leurs habits, le titre de religieux du roi ajoute à leur gloire. La barbe & la tête rasées, éloignés du commerce des femmes, ils ne se nourrissent que de légumes & de fruits. Manquer à ces loix, c'est mériter la fustigation & le bannissement. Une marque sur le bras qui ne s'efface jamais, annonce la consécration de ces moines. Chez eux les enfans apprennent à lire & à écrire. Si le goût entraîne les disciples à la pénitence, le fruit de leur travail est la récompense du précepteur. Les disciples, à leur tour, sont les héritiers de leur maître, & portent son deuil comme celui de leur propre père.

Un monastère entretenu par le roi admet les demoiselles de qualité; un autre, les jeunes personnes d'un rang inférieur. Assujetties aux mêmes devoirs que les hommes, elles s'y livrent avec patience, en attendant qu'un mari touché de leurs vertus les rende au monde; elles font souvent une seconde retraite pour laisser croître une chevelure, condamnée par l'austérité des grilles.

Cet espoir de l'hymen jette aussi dans un ordre différent des hommes qui desservent également les temples de l'idole. Leur monastère situé dans des campagnes riantes, attire la noblesse qui s'y rend de tous côtés. Des femmes y lèvent l'étendard de la débauche, & la maison d'un dieu devient celle du plaisir. Ces mêmes religieux, soumis à des chefs tirés de leur corps, défendent les places frontières, & leur bravoure éprouvée leur a acquis la gloire de la valeur. Les troupes, amollies comme le reste de la nation, voient tranquillement cette préférence outrageante.

Plusieurs régimens environnent

le palais du roi. Des citoyens libres envoyés par les gouverneurs de chaque province qui ont des officiers à leurs ordres, veillent à la sûreté du souverain. Mais comment confier une tête aussi précieuse à des soldats efféminés, qui dans une bataille livrée contre les Japonais, sacrifièrent lâchement les jours de leur monarque ? Ils ont le sang en horreur, & tremblent au seul mot de combat. Le gouvernement qui les habille les contraint de se munir à leurs frais de cinquante charges de poudre & de plomb. L'exactitude des revues empêche les désertions fréquentes, pendant la paix ; mais durant la guerre, rien ne peut les réprimer.

L'approche du danger fuffit pour mettre les Coréens en fuite.

La vue des malades ne leur caufe pas moins d'épouvante; & comme la foibleffe eft quelquefois auffi barbare que la cruauté, ils portent les malades hors des villes, & les placent au milieu des champs, fous des huttes de paille, où les parens font obligés d'en prendre foin, & d'avertir les paffans de s'éloigner. Un malheureux qui n'a perfonne dont il puiffe efpérer de l'affiftance, eft abandonné & meurt fans fecours. Quand une ville eft attaquée de la pefte, on en ferme les avenues avec de fortes haies; & l'on met un fignal fur le toît des maifons infectées, pour en écarter tout le monde. Malgré cet esprit pusillanime, il règne dans ce royaume ce zèle patriotique qui a illustré d'autres nations. Ceux qui ne sont point enrôlés, travaillent trois jours de l'année pour le bien public. Toutes les villes obligées d'équiper un vaisseau monté par trois cens hommes, se disputent l'honneur de lancer le plus brillant, & l'entretiennent à grands frais. Cette émulation assure la marine de l'état. Les taxes imposées sur les productions du pays servent à la paye des soldats. Les dixmes qui sont exorbitantes forment les revenus du roi, & les appointemens des officiers qui ne jouissent de leurs terres que sous son agrément.

Une dépendance aussi extraordinaire de la part de la noblesse, rend le monarque absolu dans son empire. Ses volontés respectées dans le conseil ne rencontrent point de censeurs. Les principaux militaires qui y siégent ne donnent aucun avis sans en être sommés. Cette autorité du souverain s'annonce principalement dans sa marche. Il ne sort jamais qu'accompagné des seigneurs de sa cour. Chacun porte les marques de son rang, qui sont une pièce de broderie par-devant & par-derrière, une robe de soie noire, & une échappe fort large. Des officiers à pié & à cheval le précèdent, les uns avec des bannières & des enseignes, les autres en jouant des instrumens guerriers. Au milieu des principaux bourgeois s'avance le prince, porté sous un dais fort riche. Les portes & les fenêtres des rues qu'il traverse sont exactement fermées. Chacun marque son respect par son silence; & pour ne point être soupçonnés de l'avoir rompu, quelques-uns mettent un petit bâton dans leur bouche en forme de bâillon; on n'ose même pas tousser. Si quelques particuliers se rencontrent sur le passage, ils ne peuvent contempler leur maître. Un officier de distinction, qui reçoit les placets que la crainte d'être vu fait suspendre aux murailles, marche à la tête de cet imposant cortége. A son retour le roi se fait présenter les mémoires, & les ordres qu'il donne à cette occasion sont exécutés sur le champ, ainsi que les supplices qu'il inflige.

Rien de plus révoltant, madame, que la manière horrible dont les Coréens vengent l'équité blessée. Les pinceaux les plus noirs ne sauroient vous donner une juste idée de leur vengeance. C'est ici que la justice est affreuse dans les châtimens. Je vais vous en citer quelques exemples.

Un traître entraîne toute sa famille dans sa perte. Sa maison démolie ne laisse après elle que l'emplacement où elle fut élevée. Ses biens confisqués récompensent la
fidélité

fidélité d'un sujet indigent que des dettes contractées par le besoin soumettroient peut-être à des punitions rigoureuses ; car dans ce pays on ne perd point son dû. Aussi-tôt l'échéance arrivée, si le créancier ne satisfait point à son engagement, il reçoit tous les quinze jours sur les jambes une bastonade qui lui rappèle son devoir. Expire-t-il sans le remplir ? Ses plus proches parens héritent du même châtiment, si leur peu de fortune les rend insolvables. La bastonade, qui punit les fautes les plus légères, n'est point flétrissante. On l'applique tantôt sur les jambes, tantôt sur la plante des piés. Cent coups suffisent pour donner la mort, quelquefois même le patient expire sans les recevoir entièrement. Le bâton dont on se sert est une latte de bois de chêne, de la longueur du bras, arrondie à l'une de ses extrêmités, plate de l'autre, large de deux doigts, & de l'épaisseur d'un écu. C'est la correction destinée aux femmes, à la populace, & aux enfans. Elle favorise la tyrannie des gouverneurs qui ne peuvent condamner à mort sans l'autorité d'un juge supérieur, obligé lui-même de faire signer au prince toute sentence capitale.

Mais ce qu'on n'imaginera jamais, c'est que le tourment le plus affreux est réservé au sexe le plus foible. Une femme, qui par le meurtre de son mari se procure une liberté criminelle, est enterrée toute vive jusqu'aux épaules, au milieu d'un grand chemin. On place auprès d'elle une hache, dont tous les passans, qui ne sont pas nobles, doivent la frapper sur la tête. La ville où le crime a été commis reste quelque tems sous l'anathème. On la prive de ses tribunaux, de ses juges ; c'est un particulier obscur qui la gouverne.

L'époux, qui peut prouver l'infidélité de sa femme, a le droit de la tuer ; & s'il est noble, si le complice de l'adultère est noble aussi, & que de plus il soit marié, il faut alors que le coupable soit tué de la main de son propre père, & au défaut de celui-ci, de la main du plus proche parent. Quant au célibataire, assez mal-adroit pour se laisser surprendre dans la couche d'un père de famille, il est enlevé nû, sans autre habillement qu'un caleçon. La figure barbouillée de chaux, l'oreille percée d'une flèche, une sonnette sur le dos, il est traîné de carrefours en carrefours ; & sa course terminée, on lui applique cinquante coups de bâton qu'il reçoit sur le derrière. Ici le maître dispose à son gré de l'esclave. Il ne suit dans les punitions qu'il lui inflige d'autre loi que son caprice. L'exemple des voleurs foulés aux piés jusqu'à la mort, ne change point l'humeur sombre de ce peuple, qui a bien perdu de sa première innocence, puisqu'autrefois la confiance & la bonne foi permettoient aux particuliers de dormir, leurs maisons ouvertes. Mais si le vol est commun aujourd'hui, du moins le meurtre est rare : les rigueurs du châtiment l'épouvantent sans doute. Quoi de plus horrible en effet ! Un assassin est foulé longtems aux piés ; ensuite on lui fait avaler le vinaigre qui a lavé le cadavre infect de celui qu'il a égorgé ; & lorsqu'il en est rempli, on le frappe d'un bâton sur le ventre, jusqu'à ce qu'il expire sous les coups.

LETTRE III.

Le 15 Janvier 1781.

Depuis ma dernière lettre, madame, j'ai fait une course assez longue dans l'intérieur de cette presqu'isle, & j'ai recueilli quelques observations importantes ou curieuses, qui ajoutées aux précédentes acheveront le tableau d'une nation & d'un climat que je me reprochois de ne vous avoir fait connoître qu'imparfaitement.

Vous avez entendu dire, vous avez lu que les Chinois, pour arrêter les incursions des Tartares, élevèrent autrefois, entr'eux & ces voisins dangereux, une longue &

forte muraille, qui n'a pas empêché le malheur qu'ils avoient redouté. Les Coréens ont usé de la même défense; mais comme ils sont plus pauvres, & sur-tout moins industrieux, la barrière qu'ils ont opposée, vers l'ouest, à la déprédation de la Tartarie, au lieu d'être formée de pierres & de briques solidement cimentées, n'est qu'une misérable palissade de bois, qui n'arrêtera jamais une armée déterminée à les conquérir. Ils sont bien plus puissamment défendus au nord par le froid excessif qui règne dans la moitié des huit provinces dont leur état est formé. C'est dans ces parties boréales que la Corée est presqu'un désert, si on la compare à elle-même dans les parties fud. Là s'élève le plus grand nombre des trois cens foixante villes, grandes ou petites, qu'elle renferme.

J'ai voulu favoir, fi de même que la Chine, la Corée voit des crocodiles dans fes rivières; & l'on m'a afluré qu'elles en étoient infeftées: on m'en a même montré plufieurs qui font d'une longueur prodigieufe. J'ai demandé fi les vers-à-foie ajoutoient à la richeffe de la Corée, & l'on m'a répondu qu'ils occupoient auffi l'induftrie de la nation; mais que cette branche de commerce étoit moins fertile pour le Coréen que pour le Chinois.

Toujours rifquant de nouvelles

questions, je me suis informé si l'on connoît ici depuis long-tems la culture du tabac, dont l'usage est si généralement adopté, qu'on voit fumer les femmes mêmes, & jusques aux enfans de quatre ou cinq ans; j'ai appris que l'art de cultiver cette plante est arrivé du Japon, avec lequel la Corée est en liaison de commerce, & que la culture, ainsi que l'usage de ce sternutatoire, ne remonte point au-delà de quelques années. Par-tout encore j'ai retrouvé ce que j'avois vu dans la capitale; je veux dire, dans les maisons de tout ce qui s'élève au-dessus du peuple, l'appartement des femmes occupant la partie la plus intérieure. Personne ne jouit de la liberté d'en approcher. La fidélité conjugale y règne, parce que la jalousie la surveille. Cependant, quoique toute idée d'esclavage importune un François, je vous avouerai sans crainte que j'en préfère l'image au spectacle des femmes publiques, qui ont la liberté de se montrer de toutes parts, sous la protection du gouvernement & de la religion.

Mais le tableau qui m'a le plus agréablement attaché, c'est celui de l'hospitalité, que j'ai retrouvée telle qu'on se la figure aux tems des Patriarches. Les chemins, excepté la grande route de la capitale, ne sont point animés par des hôtelleries. Un usage touchant supplée à leur absence. Mes conducteurs, à l'approche de la nuit, m'arrêtoient auprès de la première cabane que nous rencontrions. A peine étions-nous assis, que le maître en sortoit pour nous offrir un repas frugal, à la vérité, mais d'autant plus doux que le vil intérêt ne fait point le faire acheter, & qu'il semble assaisonné par la bienfaisance universelle.

Je vous ai dit, avec tous les voyageurs qui m'ont précédé, que les Coréens sont perfides & voleurs. Sans doute le peuple des villes mérite cette inculpation. Mais celui qui habite & cultive les campagnes n'est pas encore aussi corrompu. Et comment en effet pourriez-vous concilier ce goût pour le larcin, avec les soins touchans & religieux de l'hospitalité qu'il s'est empressé dans tous les lieux d'exercer en ma faveur?

Je ne terminerai point cette lettre, madame, sans vous parler de l'origine des Coréens. Ce que j'en ai vu, ce qu'ils racontent eux-mêmes, concourt à me prouver qu'ils ont les Chinois pour ancêtres. Il m'a été impossible de découvrir l'époque précise de cette transmigration. Elle doit être à mon avis d'une haute antiquité. Cette foule de villes, dont je vous ai entretenue, appuie mon opinion. Les villes se multiplient lentement. Elles sont l'ouvrage d'une population nombreuse, & celle-ci ne se montre que long-tems après le moment où une colonie s'est fixée.

Je ne vous cacherai point toutefois que la Corée m'a paru beaucoup moins peuplée que ne le promet son étendue. Mais songez aux tristes effets du despotisme. Il affoiblit, dans l'homme qu'il écrase, le desir de se reproduire. Il lui ravit son énergie; il le condamne à vivre seul, ou du moins lui persuade de ne point multiplier dans sa famille les compagnons de son infortune. Ces réflexions m'ont expliqué pourquoi je trouvois souvent, à la place de l'homme, les ours, les serpens & tous les animaux venimeux. Ces êtres malfaifans, me difois-je, difparoîtroient bientôt, fi l'homme, au lieu de travailler pour un defpote, femoit & moiffonnoit pour lui-même, & fur-tout pour fes enfans.

P. S. J'oubliois de vous dire que tous nos géographes d'Europe vous trompent en donnant le nom de Sior à la capitale de la Corée. King-ki-tau eft ici fon vrai nom; la feule analogie des fyllabes qui le compofent avec les fyllabes familières à la langue des Chinois & des Coréens, a pu déjà vous le laiffer foupçonner.

LETTRE IV.

De Nangasaki, le 15 Février 1781.

Oui, madame, j'ai vaincu toutes les difficultés qui s'opposoient à mon voyage. Les rochers qui défendent les côtes du Japon, ainsi que la rigueur des loix qui en chassent les étrangers, n'ont pu affoiblir ma curiosité. J'ai tout franchi, & je dois cet avantage à l'amitié généreuse d'un hollandois avec lequel je m'étois lié pendant mon séjour à King-ki-tau. La Compagnie de Batavia venoit de confier à la vigilance de ce négociateur habile la direction générale de son commerce à *Nangasaki*. Comme je lui parlois souvent du désir que j'avois de visiter cet empire, il favorisa mon goût de la manière la plus obligeante, en m'offrant une place dans son vaisseau ; & pour me soustraire aux dangers qu'un François, & sur-tout un chrétien, court en abordant cette isle, il m'engagea à me faire passer pour son compatriote & son secrétaire.

Sous ce double titre, je me suis embarqué par un vent frais. Après quelques jours d'une navigation assez pénible, nous découvrîmes les cinq premières isles du Japon, appellées *Gotho*, uniquement occupées par des laboureurs, & situées presqu'à l'entrée de la baye d'*Omura*. Nous assemblâmes aussi-tôt tout notre argent & tous nos livres. On tint un regiſtre de ce qui appartenoit à chacun; les effets furent dépoſés dans un vieux coffre, pour les fouſ-traire à la recherche des Japonois, qui ne manquent jamais de fouiller les paſſagers, dont la vie feroit ter-minée par les ſupplices les plus hor-ribles, ſi l'on trouvoit ſur eux les moindres ſignes du chriſtianiſme.

Nous entrâmes le lendemain dans le célèbre port de Nangaſaki, en-vironné d'iſles & de montagnes qui de tout côté le mettent à l'abri de l'orage & de la tempête. Le rivage eſt défendu par pluſieurs baſtions de forme ronde, dont les paliſſa-des ſont peintes en rouge. De gran-des pièces de drap dérobent à la vue des étrangers le nombre d'hommes & de canons qu'on entretient dans deux corps-de-gardes situés sur des éminences. Des gens placés au sommet de ces montagnes, par le moyen de fort longues lunettes, avoient distingué notre navire, & prévenu le magistrat de notre arrivée. Vingt bateaux vinrent au-devant de nous. Cette ambassade, que je crus être une distinction particulière, n'est au contraire que la marque la plus certaine de la dépendance avilissante où vit ici le Batave si fier dans son pays.

On jetta l'ancre près de l'isle artificielle de *Desima*, qui est une petite enceinte entourée de murailles, destinée aux Hollandois, où ils sont presqu'enfermés, comme le font les Chinois dans un quartier opposé, sans qu'ils ne puissent sortir ni les uns ni les autres sans la permission des magistrats : bientôt je vis sur notre bord des officiers du gouvernement accompagnés de commis & de soldats qui vinrent nous faire souffrir une espèce d'inquisition. Il fallut remettre entre les mains de ces argus la liste des marchandises & celle des hommes qui composoient l'équipage. Nous fûmes obligés de passer plusieurs fois devant ces petits tyrans, & de leur déclarer notre âge, notre patrie & notre état. Quelques-uns de nous furent interrogés à part sur les circonstances de notre voyage. Les réponses confrontées se trouvèrent heureusement conformes. On nous enleva toutes nos armes. Après la revue la plus exacte, on posta quelques soldats pour veiller à la sûreté des effets. Nous apprîmes ensuite à quelles humiliantes conditions nous avions été admis. On ne pouvoit faire un pas sans s'être muni d'un passeport du vaisseau de garde japonois, pour le montrer aux gardes de terre. Afin que cette agréable leçon fût toujours présente à l'esprit, on l'afficha dans plusieurs endroits du bâtiment. Mais ce qui acheva de me convaincre que l'amour de l'or peut étouffer toute l'énergie de l'Européen, ce fut la manière outrageante dont on vint le soir nous compter les uns après les autres comme un bétail, & nous emprisonner dans notre maison. La même scène renouvellée le matin irrita l'orgueil d'un François qui croyoit que sa dignité devoit être respectée chez tous les peuples de l'univers.

Quelques jours après notre arrivée, les mêmes inspecteurs fixèrent le tems où il nous seroit permis de débarquer nos ballots. La plupart contenoient des draps d'Europe, des soies, des épiceries, des toiles peintes, du sucre, & des bois de teinture. A mesure qu'on les apportoit, ils étoient visités. On en ouvroit quelques-uns pour juger s'ils ne démentoient point l'état qu'on en avoit donné. On les plaça enfuite dans le magafin des Hollandois, qui attendirent, pour s'en défaire, que les magiftrats euffent arrêté l'époque de la vente. Ce moment arrivé, on afficha la lifte des marchandifes, & elles furent vendues à l'enchère dans un vafte appartement deftiné à cet ufage.

Les préparatifs du voyage de IÉDO occupent beaucoup notre directeur. Sa fonction la plus noble eft de fe rendre dans cette capitale pour préfenter au monarque les préfens de la Compagnie. L'efpoir que j'ai de fuivre le cortège, me donne celui de voir la cour de l'empereur, & d'étudier de près le caractère des feigneurs qui la compofent. N'ayant actuellement fous les yeux que les usages grossiers des artisans, de la populace, & de quelques marchands qui habitent Nangasaki, je ne dois pas vous laisser ignorer que cette ville située au trente deuxième degré, trente-six minutes de latitude nord, & à cent cinquante-un degrés de longitude, est la seule qui reçoive les étrangers auxquels la liberté du commerce est accordée dans l'empire. Comme les plus grandes villes du monde, elle n'étoit autrefois qu'un simple hameau. Attirés par la commodité du port, les Portugais s'y rendirent en foule, & leur affluence en fit bientôt une place intéressante. Mais l'évangile qu'ils annonçoient avec un succès trop éclatant fut cause de leur bannissement. On les renvoya avec leurs prêtres prêcher ailleurs une religion, qui, humble dans ses principes, mais déshonorée par l'ambition, les auroit peut être rendus les maîtres de la plus riche contrée de l'Asie.

Trois quarts de lieue de longueur & de largeur forment l'étendue de Nangasaki. Sans château, sans fortifications, sans murailles, elle est arrosée par trois rivières qui prennent leurs sources dans les montagnes voisines. Les rues sont irrégulières & étroites ; les unes montent, d'autres descendent. Les maisons ne méritent pas ce nom ; ce sont absolument de petites bicoques de bois,

bois, élevées d'un feul étage, mais affez bien diftribuées. Celles des artifans & des marchands ont une boutique pour la fabrication des ouvrages, une autre pour l'expofition des marchandifes; le plafond eft tapiffé d'un papier agréablement peint, & le plancher orné de nattes fort épaiffes; des paravents qu'on place à fon gré permettent de donner aux chambres la figure qu'on defire. Les fenêtres, les portes, l'efcalier, s'il y en a un, font joliment verniffés. On admire dans ces maifons une propreté fingulière; mais elles font dépourvues de toutes les commodités néceffaires aux Européens; elles n'ont ni lits ni chaifes; les Japonois n'en connoiffent pas l'ufage; ils s'afseoient à terre ; & comme tous les Asiatiques, ils dorment sur des tapis.

On distingue dans Nangasaki quelques édifices remarquables, tels que les temples, les arsenaux, les palais des trois gouverneurs, qui occupent un terrein considérable, & dont la hauteur imposante annonce l'autorité des personnages qui y établissent le siége de leur avidité tyrannique. On ne peut sortir de la ville, sans être frappé de la verdure continuelle qui enveloppe les montagnes dont elle est entourée. Au sommet de ces collines, une infinité de sépulcres remplit l'imagination de pensées religieuses. Plus bas on apperçoit des temples magnifiques, embellis par de beaux jardins, des allées délicieuses & de jolies terrasses. Le sentiment qu'on éprouve à la vue d'une nature aussi riante, indique assez que ces lieux, consacrés à la dévotion, sont plutôt l'asyle du plaisir que celui de la modeste piété ; dans cet endroit se rassemblent de toutes parts les jeunes gens que des desirs criminels y attirent. Se parant avec effronterie du prétexte imposant de la religion, ils trompent la vigilance paternelle, se montrent dans les temples avec un ris moqueur, & en sortent rapidement, pour se répandre en foule dans les alentours réservés à des maisons charmantes, où la débauche tient ses comptoirs. On donne à ces lieux de proſtitution une origine très-ancienne.

Un empereur japonois, craignant, dit-on, que ſes ſoldats, fatigués des travaux d'une guerre longue & pénible, n'abandonnaſſent leurs drapeaux pour rejoindre leurs femmes, ne crut point trouver de moyens plus ſûrs pour les retenir au ſervice que l'établiſſement de ce commerce odieux. Dans toutes les villes il y a un emplacement deſtiné à ce trafic infâme. On y voit de jolis appartemens, où des hommes, dégradés par un intérêt ſordide, tiennent des courtiſannes à leur compte. La pauvreté, qui par-tout mène au crime, force les parens infortunés, qui ne peuvent fournir à la nourriture de leurs enfans, de les présenter d'une main aux agens de cet infâme commerce, &, sans frémir, de tendre l'autre pour recevoir le prix d'une turpitude, que la mort peut être récompenseroit ailleurs. Pour éviter les frais des maladies auxquelles l'enfance est condamnée, les propriétaires de ces maisons exécrables ne reçoivent les demoiselles qu'à l'âge de dix ans. Comme il est de leur avantage de les rendre agréables & séduisantes, ils leur enseignent la danse & la musique. On leur apprend aussi à mettre dans leurs lettres le ton aimable de la galanterie. On ne néglige rien de tout ce qui peut ajouter à leurs charmes. Le prix de leurs faveurs est fixé depuis quinze fols jufqu'à quinze livres. Des loix très-rigoureuſes empêchent leurs directeurs de recevoir des ſommes plus conſidérables. C'est à des matrônes vieillies dans ce trafic qu'est donné le foin d'inſtruire les jeunes novices. Celles qu'une beauté plus achevée, un caractère plus ſouple, un eſprit plus adroit, des propos plus délicats mettent à la mode, occupent les appartemens les plus galans. Les habits les plus riches & les plus élégans relèvent l'éclat de leurs attraits.

Une de ces filles doit veiller la nuit dans une loge placée à côté de la porte, pour répondre à l'impatience des passans. Ces plaisirs nocturnes sont également taxés à quinze sols. La modicité de cette rétribution ajoute à la honte de ces corvées qui ne sont ordinairement imposées qu'aux plus vieilles & aux plus laides. Quelquefois cependant la sentinelle est jeune & jolie, & ce poste lui a été assigné pour expier les fautes que son inconséquence lui a fait commettre. Humiliée dans un tel emploi, elle reçoit sans doute avec dédain l'offrande de l'homme grossier, qui outrage insolemment ses graces & ses quinze ans.

Ces filles après avoir servi leur tems peuvent se marier. L'éducation qu'elles ont reçue leur fait aisément trouver un parti avantageux. Jamais l'époux ne se permet de leur reprocher leur vie passée. On ne charge de leur infamie que les parens qui les ont vendues dans un tems, où l'obéissance étoit pour elles un devoir. Ainsi donc la honte du crime est pour le vrai coupable. Mais le chagrin, m'a-t-on dit, a fait quelquefois dans ces maisons plus d'une victime.

Les Japonois aiment les courtisannes avec passion. Ici, comme chez nous, les seigneurs en ont à leurs gages. Ils se ruinent pour leur plaire, & n'obtiennent souvent ni amour ni amitié. Tous leurs sacrifices sont payés par autant de perfidies. Ces coquètes fourbes par systême, prodiguent des caresses qui sont le signal d'une trahison. Adroites dans leurs principes, elles promettent d'être constantes, & brûlent d'être parjures. La délicatesse de leurs amans n'est pas plus offensée de leurs infidélités, que celle de nos marquis ne l'est de la prostitution vénale de leurs laïs.

Il se fait encore dans cette ville un trafic plus abominable. De jeunes garçons bien faits, & d'une jolie figure, qu'ils colorent comme les femmes, revêtus d'habits élégans, se tiennent dans des loges publiques, toujours remplies par les Japonois, que ce goût révoltant subjugue. Les Bonzes mêmes se vengent, par ce désordre, de la rigueur des loix, qui leur interdisent un penchant plus naturel & plus doux. La jeune noblesse confiée à leurs soins devient criminelle & se croit innocente. Un mépris universel est l'apanage ordinaire des hommes chargés de la direction des lieux de débauche. Les trésors qu'ils entassent & qu'ils partagent avec l'état, ne les sauvent pas de l'infamie. Ils sont obligés d'aider le bourreau dans ses fonctions, & de lui envoyer leurs domestiques pour porter les derniers coups à des malheureux condamnés peut-être pour des crimes moins atroces que ceux dont ils se souillent sous l'appui du gouvernement.

Toutes les villes impériales font régies par deux gouverneurs ou deux lieutenans généraux. Il y en a trois à Nangafaki, pour prévenir les féditions que l'efprit inquiet & turbulent des étrangers pourroit y faire naître. Ils commandent tour à tour. Tandis que l'un remplit fon emploi, l'autre refte à la cour, jufqu'à ce qu'il reçoive des ordres pour aller remplacer fon collègue. A fon arrivée, celui-ci lui réfigne fon pouvoir, l'inftalle dans fon palais, & retourne à Iédo pour rendre compte de fa conduite. Il s'efforce de mériter par des préfens fomptueux les bontés de fes fupérieurs, & la protection des favoris du prince.

Pendant qu'un de ces gouverneurs exerce ses fonctions, les loix les plus rigoureuses lui défendent de recevoir aucune femme dans son palais; la sienne même, ainsi que ses enfans, reste auprès de l'empereur, pour lui garantir la fidélité de celui qu'il envoie. Ces agens du despotisme ont un revenu annuel peu considérable; mais ils savent amplement se dédommager par des profits extraordinaires. Ils pourroient en peu de tems amasser des sommes immenses, s'ils n'étoient obligés de tenir leur maison avec une magnificence inconcevable, & de faire part de leurs richesses au souverain & à ses ministres. La porte de leur palais est gardée par cinq ou six hommes

hommes armés d'une épée & d'un bâton. Elle se ferme à quatre heures après-midi, & ne s'ouvre plus sans un ordre particulier. D'autres gardes, dans l'intérieur de l'hôtel, sont chargés d'écrire les noms des personnes qui entrent tous les soirs; cette liste est portée ensuite au gouverneur. Le pouvoir de celui-ci est absolu : la direction de toutes les affaires roule sur lui uniquement. Le commerce, la justice, la guerre, tout ressortit à son tribunal. La cour de ces petits rois est composée de plusieurs officiers de distinction, qui en ont d'autres sous leurs ordres d'un rang inférieur. Ces derniers, nommés à ces places par l'empereur, sont quelquefois honorés de sa confiance; il commet à leur zèle la conduite de plusieurs affaires importantes; il les charge sur-tout du soin de veiller aux intrigues secrètes & intéressées de leurs chefs, dont ils sont forcés par état de flatter extérieurement l'autorité.

Les gouverneurs président un conseil composé de quatre magistrats, qui, choisis autrefois parmi les plus anciens, étoient annuels; & qui sont aujourd'hui perpétuels & héréditaires. Sous le nom de *Nimbam*, le plus estimé de ces juges commande les trois autres. Le premier donne avis de tout ce qui se passe, son devoir est d'en informer le gouverneur. Il rapporte au conseil les affaires qu'on doit y juger. Anciennement l'empereur nommoit lui-même ces magiftrats, & prononçoit fur les conteftations qui s'élevoient entr'eux. Ils marchoient alors au milieu d'un cortège militaire, & comme les grands ils portoient deux cimeterres. Depuis que les gouverneurs ont étendu leur pouvoir, l'autorité de ces affeffeurs eft diminuée, & leurs diftinctions fe font évanouies. Il ne leur eft même plus permis ni de régler les taxes, ni d'en choifir les receveurs. Le Nimbam feul a confervé le privilége d'aller tous les ans faluer le fouverain à Iédo, & de lui offrir le mémoire de fon adminiftration.

Ces magiftrats ont des fubdélégués qui jugent toutes les petites affaires civiles. Quoique reftreints à des appointemens très-modiques, ils donnent à leur charge un air de dignité pour en impofer aux yeux du peuple ; ils fe ruinent par des dépenfes folles : c'eft l'orgueil qui cache la médiocrité fous les dehors de l'opulence.

Le Nimbam tient dans fon hôtel les affemblées qui n'exigent pas la préfence des gouverneurs. Il reçoit auffi les hommages des orateurs célèbres qui briguent auprès de lui l'honneur d'être admis au rang des *nengiofis* : ce font quatre officiers, dont l'emploi délicat exige une fineffe & une habileté confommées. Pour veiller de plus près aux intérêts des citoyens, ils logent dans le palais. Attentifs à saisir le moment favorable de présenter au gouverneur les requêtes des particuliers, ils en font valoir les droits avec une énergie qui seroit digne d'un peuple républicain.

Il y a des messagers de ville qui ressemblent à nos sergens. C'est une compagnie composée d'environ trente familles, qui depuis un tems immémorial sont attachées au même office & à la même rue. Leur devoir est de poursuivre & d'arrêter les criminels. L'éducation & l'habitude leur ont donné & la force & l'adresse; aussi les emploie-t-on quelquefois dans les exécutions. Ils s'y distinguent sur-tout lorsqu'il s'agit de faire fauter une tête. Ces fonctions que vous trouverez sûrement aviliſſantes, ne ſont point ici regardées de même ; au contraire, ceux qui les rempliſſent ont le droit de porter deux épées comme la nobleſſe.

LETTRE V.

De Nangaſaki, le 20 Février 1781.

LE deſpotiſme, madame, eſt toujours inquiet & ſoupçonneux. Vous le verrez par le tableau de la police qui règne ici. L'ordre de cette partie de l'adminiſtration eſt effrayant.

Chaque rue a ſes règlemens & ſes chefs. Le principal de ces derniers eſt un commiſſaire nommé par les suffrages. Il répond sur sa tête de ce qui se passe dans l'étendue de son autorité. Il doit surveiller aussi la vigilance de la garde qu'on fait pendant la nuit, & hâter l'exécution des ordres du gouverneur. Il tient un regiftre des personnes qui habitent son quartier ou qui changent de domicile, de celles qui naissent ou qui se marient, des gens qui voyagent ou qui meurent, avec leur qualité, leur rang, leur religion & leur état. S'il s'élève quelque querelle entre deux citoyens, il tâche de les reconcilier par des moyens honnêtes; il punit les fautes légères, en retenant les coupables en prison. Connoît-il un criminel? il appelle les habitans;

ceux-ci volent à fon ordre, faififfent le coupable que l'on charge de fers; & le crime eft déféré à la juftice des magiftrats fupérieurs.

Trois lieutenans obéiffent à ces commiffaires. L'un écrit & publie fes ordres. L'autre délivre les paffeports, les certificats & les lettres de congé. Le dépôt du tréfor de la rue eft confié à la probité du troifième : il recueille les fommes que chacun lui apporte pour le préfent dû au gouverneur.

Toutes les nuits, on monte deux gardes dans chaque rue. La première eft fervie par l'extrême activité de trois habitans qui fe relèvent mutuellement. Dans les jours solemnels, toutes les sentinelles sont sur pié. La crainte d'un danger double le nombre de ceux qui composent ces patrouilles. S'opposer à leur vigilance, insulter à leur rigueur, seroit un crime digne de mort. La seconde garde est celle des portes de la rue. Deux hommes du bas peuple se promènent l'un vers l'autre; & pour avertir qu'ils ne dorment pas, ils réveillent tout le monde par leurs cris aigus. D'autres, pour marquer les heures, ont deux grosses pièces de bois qu'ils frappent l'une contre l'autre, & dont le bruit s'entend de fort loin. Les Chinois augmentent encore ici ce tintamare, par le son des tambours & des instrumens dont ils étour-

E v

dissent le passant, quand, vers le soir, ils promènent leurs idoles autour des temples, & qu'ils allument en leur honneur des morceaux de papier qu'ils jettent dans la mer. Mais ce bruit est peu de chose en comparaison des hurlemens que poussent les prêtres & les parens des agonisans & des morts, à certaines époques consacrées à la mémoire des trépassés ; les uns chantent à haute voix ; les autres frappent & carillonnent sur des cloches pour le repos de l'ame des défunts. Tous les bruits réunis font de Nangasaki une des villes les plus incommodes de l'univers.

Le plus léger prétexte fait clore pendant le jour les portes des rues, qui ne doivent être fermées que la nuit. Dans ce poit, on les ferme exactement au départ des navires étrangers, pour empêcher les habitans de se dérober par la fuite ou de frauder la douane. Cette précaution est si scrupuleusement observée, que jusqu'à ce qu'on ait perdu de vue un vaisseau qui met à la voile, on fait dans chaque quartier de rigoureuses recherches pour s'assurer qu'il n'y manque personne. Le messager appelle chacun par son nom, & l'oblige de se présenter. Dans les tems suspects, si quelqu'un est forcé pour ses affaires de passer d'une rue à une autre, il doit prendre un passeport & se faire accompagner d'un soldat.

Un particulier, qui veut changer de demeure, expose dans une requête les motifs de ce changement. Accompagné d'un plat de poisson, le placet est présenté au commissaire de la rue, où le suppliant veut loger. Avant de répondre à la supplique, le commissaire s'informe & recueille les suffrages des habitans dont il est le chef. Un vice scandaleux ou incommode fait rejetter la demande. Est-elle accordée? l'aspirant ne peut se montrer qu'avec un certificat qui atteste la décence de ses mœurs. Un magnifique repas dont il fait les frais, le met en connoissance avec ses nouveaux voisins, & lui assure les bontés de l'officier, qui dès ce moment le met au rang de ses protégés.

Tous les citoyens d'une rue se divisent en compagnies de cinq hommes, choisis seulement parmi les propriétaires des maisons. Avant de se mettre en route, chaque voyageur doit obtenir du chef de sa société des lettres qui désignent le lieu où il va, la nature de ses affaires, & le tems de son retour.

S'élève-t-il une querelle entre deux insulaires? Obligés de les séparer, les témoins terminent le combat. Malheur au japonois, qui, attaqué par un autre, & ne cherchant qu'à se défendre, tueroit son adversaire involontairement! Sa tête est livrée au bourreau; les trois familles, voisines de l'endroit où le meurtre a été commis, sont renfermées pendant plusieurs mois dans leurs maisons ; une amende considérable est imposée sur tous les habitans de la rue, & les chefs des compagnies sont à leur tour rigoureusement punis.

LETTRE VI.

De Nangasaki, le 27 Février 1781.

LA législation, madame, n'est ici qu'un code criminel : ici on ne voit par-tout que des échafauds, des supplices, des coupables & des bourreaux. Les loix sont si cruelles que, comme celles de Dracon, elles ne semblent pas avoir été écrites avec de l'encre, mais avec du sang. Il est vrai que l'atrocité du législateur paroît d'abord excusée par le caractère du Japonois, qui, opiniâtre, capricieux, déterminé, bizare, brave tous les périls & tous les malheurs. Des gens, qui naturellement méprisent la mort, & qui s'ouvrent le ventre à la moindre fantaisie, seroient-ils corrigés ou arêtés par la vue d'un léger supplice ? Ne pourroient-ils pas s'y familiariser ? Aussi la plus légère transgression est toujours suivie de châtimens corporels, & quelquefois de peines capitales. Le feu ou la roue punissent également l'homicide forcé ou involontaire, la contrebande & l'infraction des moindres règlemens de police. Remuant dans ses projets, audacieux dans ses desseins, un citoyen attaque-t-il le repos public & l'autorité du prince? Ses parens, enveloppés dans sa ruine, sont punis des projets mêmes de son génie perturbateur. Voici quelques traits qui pourront vous convaincre de l'excès de cette févérité.

Animé par fon ambition & fon courage, un adminiftrateur du domaine voulut fe faire roi dans un pays étranger. Il prépara long tems en fecret tout ce qui pouvoir affurer le fuccès de cette entreprife. En conféquence, il amaffa une quantité prodigieufe d'épées, de fabres, de poignards & d'autres armes qu'il fe difpofoit à faire paffer fecrètement en Corée. Un commiffaire actif pénétra le deffein de l'adminiftrateur, & le dénonça au tribunal de l'empereur. Le coupable, admis dans le confeil pour y plaider fa caufe, ne put rien objecter contre l'évidence des preuves. Confus de voir sa trahison découverte, il avoua son crime avec une fierté héroique, mais en déplorant d'avoir admis à sa confiance le lâche qui l'avoit vendu. Loin d'adoucir l'indignation du souverain, cet aveu ne fut qu'un nouveau motif à la fureur du prince : la sentence fut horrible. La famille entière du condamné, l'une des plus nombreuses & de plus puissantes de l'isle, fut dépouillée de tous ses biens & bannie à jamais. C'étoit trop peu encore. Le fils du coupable, âgé de sept ans, perdit, sous les yeux de son père, la tête sur l'échafaud : après quoi le père fut jetté vivant au milieu d'un bûcher.

Le gouverneur d'une petite province avoit appesanti un joug de fer sur les paysans soumis à son autorité. Fatigués de cette tyrannie, ces malheureux portèrent leurs plaintes aux piés du trône. Ces plaintes furent favorablement accueillies par le souverain. Il ordonna que le gouverneur, ses fils, ses frères, ses oncles & ses cousins, se fendroient le ventre à la manière des Japonois. Très-éloignées les unes des autres, ces personnes devoient périr au même jour & à la même heure. Tels furent les ordres du monarque. La sentence fut portée aussi-tôt par une légion d'émissaires en vingt endroits opposés, & le sang innocent y coula sans délai à la même minute.

De pareilles loix rendent un peuple méchant & sanguinaire ; elles étouffent le germe des vertus en confondant le malheur avec le crime.

Quelquefois, par une faveur particulière, on accorde à un criminel la grace de se faire exécuter par son plus proche parent. Ce genre de mort moins honteux ne dégrade ni celui qui le souffre, ni celui qui le fait souffrir. Mais ce qui est digne d'un brave Japonois, c'est de se tuer lui-même, & de se placer, par son grand courage, au rang des héros les plus fameux. Un coupable, qui obtient l'honneur de devenir suicide, se pare de ses plus riches vêtemens, assemble sa famille & ses amis, fait un discours éloquent sur sa situation; ensuite affectant un air gai & satisfait, il découvre son estomac à l'auditoire & se fait une large ouverture dans le ventre. Par ces marques glorieuses de bravoure, il efface la bassesse de son crime, & met ses parens à l'abri du mépris universel.

Un malfaiteur, à qui l'on veut arracher l'aveu de son délit, endure des souffrances cent fois plus cruelles que la mort. On commence par lui faire avaler de l'eau avec un entonnoir; quand son corps est extraordinairement enflé, on l'étend par terre, & les bourreaux le foulent aux piés : s'il persiste à nier le crime, on lui serre le corps avec des bandes de toile, depuis le cou jusqu'aux talons ; dans cet état, on l'expose à l'ardeur du soleil, ou à la rigueur du froid, le dos étendu sur des cailloux. Si, ferme au milieu de ce supplice, il le supporte avec courage, sans rien avouer, on le retient en prison, ou bien on le relègue dans une isle déserte.

Cette dernière punition est ordinairement celle des seigneurs de la cour. Lorsqu'ils ont eu le malheur de déplaire ou de s'avilir, on les transporte à quatorze lieues d'Iédo, dans une isle qui n'en a qu'une d'étendue. Sans port, sans rade, ses rives sont excessivement escarpées. Le prisonnier qu'on y conduit n'y peut entrer qu'en faisant hisser, par le moyen d'une grue, le bateau qui le porte. On ne voit dans ce désert que quelques mûriers. Les exilés y sont nourris aux dépens de l'Etat, de mauvais riz, de mauvaise viande & de quelques racines. Encore même, pour se dédommager des frais de leur entretien, le gouvernement les occupe-t-il à élever des vers à soie, & à fabriquer des étoffes.

LETTRE VII.

De Nangasaki, le 1 Mais 1781.

L'Empressement que j'avois de connoître & le fondateur de cet état & la puissance du prince qui le gouverne, m'a décidé, madame, à adresser sur cet objet quelques questions à un Japonois. « Vous faites, lui ai-je dit, remonter bien haut l'origine de votre empire. On croit en Europe que vous n'êtes qu'une colonie de Chinois ; pourquoi donc illustrer votre chronologie par des dates aussi reculées, puisque les Chinois, plus modestes, ne se donnent que quatre ou cinq mille ans d'antiquité » ?

« Comme

« Comme les autres peuples du monde, m'a-t-il répondu, nous avons nos chimères & notre orgueil ; mais plus véridique dans ses récits, que la vanité dans ses discours, notre histoire rapporte l'établissement de cet empire au règne de *Sinmu*. La naissance de notre société n'est pas plus ancienne que celle de cette Rome dont vous m'avez entretenu. Il me seroit difficile de vous donner sur cet article des détails plus étendus. Nos annales nous ont conservé les noms & la généalogie de nos empereurs, sans parler des évènemens qui ont caractérisé la partie politique de leur administration ».

« Ceux qui nous font venir de la Chine racontent à ce sujet une aventure assez plaisante : elle prouve d'une manière incontestable, à combien peu de choses tiennent souvent la naissance & la grandeur des états les plus florissans ».

« Entêté des secrets de la pierre philosophale & jaloux de conserver des jours filés par les plaisirs, un empereur Chinois s'occupoit depuis plusieurs années de l'invention d'un élixir qui devoit le rendre immortel. Il consuma long-tems toute la force de son génie dans de vaines recherches ; enfin il crut obtenir la gloire du succès en associant son médecin à ses travaux. Celui-ci, plus adroit pour ses intérêts, loin de contrarier les idées d'un maître, l'assura que les simples, propres à composer le divin breuvage, ne se trouvoient que dans les isles voisines. Il ajouta aussi que ces herbes merveilleuses ne pouvoient être cueillies que par des mains pures & innocentes, & qu'il falloit confier ce soin à trois cens jeunes garçons & à autant de jeunes filles, d'une constitution assez robuste pour soutenir les fatigues du voyage. Se flattant déjà de posséder le précieux secret, le prince fait équiper un vaisseau magnifique; il donne le commandement du navire & de la charmante colonie à son confident, qui s'embarque & aborde heureusement au Japon. Dans ces lieux

F ij

la jeune colonie oublia l'objet de son message, se rit de la folie imbécille de son souverain, & s'amusa à peupler une de nos isles. On croit que ce fut celle de Niphon, comme la plus considérable, & qu'ils commencèrent par la province d'Isje, où nous plaçons le berceau de nos ayeux ».

« Ce qui vous surprendra peut-être, c'est que depuis deux mille cinq cens ans que *Sinmu* est monté sur le trône, le sceptre ne soit pas sorti de sa famille. Parcourez l'histoire de toutes les nations de l'univers, vous n'en trouverez aucune qui puisse se glorifier d'avoir été gouvernée si long-tems par les princes du même sang ».

« Parmi les bêtes féroces élevées à la royauté pour le malheur des empires, on ne peut envisager sans horreur l'exécrable *Buretz*, vingt-sixième successeur de l'immortel Sinmu. Ce prince cruel se faisoit une fête du tourment de ses peuples. Un de ses horribles plaisirs étoit d'ouvrir le ventre aux femmes enceintes. Plus il voyoit souffrir ses malheureuses victimes, plus le détestable Buretz éclatoit de rire ».

« En conservant le titre d'empereur, les descendans de Sinmu ont négligé l'autorité royale pour jouir d'un pouvoir absolu sur les affaires de la religion. Du milieu des guerres civiles qui nous déchirèrent long-tems, on vit naître un nouveau souverain qui s'éleva sur les ruines de son rival abattu. Depuis ce tems nous obéissons à deux rois. L'un, ecclésiastique, appellé *Dairi*, n'a que l'ombre de l'autorité; l'autre, séculier, nommé *Cubo*, règne en tyran, & jouit de l'autorité la plus despotique ».

« A la fatigue des travaux qui suivent le commandement militaire, les successeurs de Sinmu préférèrent donc l'indolence de la vie sacerdotale. Pour vivre plus librement dans une profonde tranquillité, ils partagèrent l'état en différentes provinces, & en confièrent le gouvernement aux seigneurs de leur cour. Ceux-ci se croyant tout permis sous un prince efféminé, méprisèrent la main qui les avoit élevés, se liguèrent ensemble pour appuyer leurs prétentions, & se signalèrent par les outrages les plus sanglans. Ils obtinrent d'abord de brillans succès, mais la jalousie & l'intérêt les divisa bientôt. La guerre allumée par leur désunion embrâsa tout l'empire. Pour faire rentrer ces rebelles dans le devoir, le monarque, qui régnoit alors, mit à la tête de ses armées un général intrépide, que déjà ses exploits avoient fait distinguer. Ce chef courageux dissipa l'orage qui alloit éclater ; mais profitant ensuite des circonstances qu'il trouva favorables à sa grandeur, il s'assit sur le trône qu'il avoit défendu, s'empara de l'adminiſtration politique, & ſe rendit le maître de celui dont il avoit été le ſujet, ne lui laiſſant que la connoiſſance des affaires de la religion ».

« Nous reconnoiſſons donc aujourd'hui deux monarques; le premier porte ſon empire dans le fond des conſciences; le ſecond ne commande que les actions extérieures; mais il a la force pour ſe faire obéir. L'un jouit de tous les reſpects, l'autre de tout le pouvoir. Le Dairi a le droit de faire des dieux, & n'a pas celui de faire une loi. Il reçoit les hommages & non l'obéiſſance des peuples. Il n'eſt pas deſcendu du trône, mais il n'y règne pas. Honoré comme une divinité, il prend fon autel pour un trône. Le Cubo encenfe & méprife l'idole, & ils vivent unis. Contre la maxime ordinaire des ufurpateurs qui redoutent jufqu'aux cendres de ceux qu'ils ont détrônés, les Cubos n'ont pas craint de laiffer vivre la famille impériale : ils l'ont méprifée jufqu'à la combler d'honneurs. Chargé de chaînes brillantes qu'il ne peut ni ne voudroit rompre, le Dairi voit avec une infenfibilité que la néceffité & l'habitude ont juftifiée, un autre trône vis-à-vis du fien, moins idolâtré à l'extérieur, mais où réfide la toute-puiffance ».

« *Méaco* eft le féjour ordinaire de ce fouverain dégradé. Une de ses prérogatives est de confirmer & d'installer le Cubo à chaque mutation de règne. Il nomme à toutes les dignités ecclésiastiques, & dispose à son gré de tous les titres d'honneur. Cet avantage est pour lui une source de richesses immenses. Au domaine de Méaco, il joint une somme considérable que le Cubo lui envoie. Décidant sans appel les différens des seigneurs, ses arrêts vendus au poids de l'or enrichissent ses coffres, & fournissent libéralement au luxe brillant de sa cour, composée de prêtres qui l'enivrent d'encens, & le comblent d'honneurs ridicules. Il croiroit profaner sa sainteté, si ses piés touchoient la terre. Lorsqu'il fort, des hommes le portent sur leurs épaules. Jamais l'éclat du soleil n'éblouit ses yeux. Son corps offriroit le spectacle dégoûtant de ses ongles crochus, & de sa barbe longue & mal-propre, si l'on ne saisissoit l'instant du sommeil pour lui enlever ces superfluités. Ce service qui sûrement ne lui déplait pas, est regardé comme un vol. Le Daïri est servi tous les jours dans une vaisselle neuve qu'on brise après ses repas. La bouche & la gorge enfleroient considérablement au téméraire qui oseroit manger dans ces vases respectés, & les orgueilleux, qui sans sa permission porteroient un de ses habits, éprouveroient sur le champ des douleurs aussi longues que cruelles ».

« A la mort d'un de ces monarques imaginaires, on place sur le trône son plus proche héritier, sans distinction d'âge ni de sexe. Aussi l'a-t-on vu quelquefois occupé par de jeunes princesses qui n'étoient pas mariées ; & quelquefois encore les veuves se sont assises sur ce trône pontifical. Mais tous ces changemens se font dans le plus grand secret. Un Dairi meurt, & le Cubo n'apprend cette mort que par l'installation du successeur.

« Suivant la coutume de ses ancêtres, le Dairi épouse douze femmes. Il partage son palais &

les honneurs du trône avec la mère de l'héritier présomptif; les autres compagnes du roi pontife logent dans des pavillons séparés. Cependant chacune d'elles, dans l'espérance de le recevoir, fait préparer tous les jours un grand repas; & quand le monarque a déclaré celle dont il a choisi la couche, les femmes & leurs soupers se réunissent chez la favorite, où les jeux, le chant & la danse remplissent une partie de la nuit ».

« Le mariage du Daïri, la naissance & l'éducation du prince qui doit après lui monter au trône pontifical, sur-tout le choix d'une nourrice, demande une pompe extraordinaire. Pour cette dernière cérémonie, on assemble quatre-vingts des plus belles femmes du royaume ; on les présente à la mère, aux épouses, & aux neuf plus proches parentes du monarque ; on les régale un jour entier, & on leur donne un titre distingué qu'elles conservent toute leur vie. Le lendemain, on diminue ce nombre de moitié, & l'on congédie les autres avec de riches présens. Le jour d'après, on augmente les titres de celles qui sont restées ; & sur les quarante, on en choisit dix que l'on réduit ensuite à trois seulement, en renvoyant toujours les autres comblées des dons de sa majesté. On choisit enfin une de ces trois dernières, à laquelle on donne, avec plusieurs marques d'honneur, la qualité de nourrice du prince. Pour l'inftaller dans fes fonctions, on l'introduit dans la chambre de l'enfant; elle le trouve dans les bras d'une des premières dames du palais, qui l'a nourri depuis le moment de fa naiffance; on jette un peu de lait dans la bouche du prince, qui paffe enfuite entre les mains de fa nourrice ».

« Le Daïri, fimple dans fes vêtemens, affecte dans fes autres dépenfes un luxe incroyable. Ses femmes & celles des prêtres portent des robes fort larges & fans doublure. Tous fes fujets prennent le titre de *feigneur*. Leur habit eft un large caleçon & une robe à queue traînante. Leur bonnet eft

G ij

noir. On connoît à sa forme la qualité de celui qui en est couvert ».

« L'étude & les sciences font le principal amusement de cette cour. Non-seulement les courtisans, mais plusieurs de leurs femmes se sont fait un grand nom par divers ouvrages d'esprit. Les almanachs étoient composés autrefois à la cour du Daïri; aujourd'hui c'est un simple habitant de Méaco qui les redige & les fait imprimer. La musique est en honneur aussi dans cette cour. Les dames sur-tout y touchent de plusieurs sortes d'instrumens, tandis que les jeunes gens s'appliquent aux différens exercices de leur âge ».

Tous les cinq ou six ans, le Cubo fait une visite au roi-pontife.

On emploie une année entière aux préparatifs de ce voyage, qui se fait avec un faste & une magnificence extraordinaires. Avec le Cubo, les troupes se rendent dans la capitale ecclésiastique en si grand nombre, que cent mille maisons, dont Méaco est composé, ne suffisent pas pour les logemens. On est obligé de dresser des tentes hors de la ville. L'empereur présente ses hommages au Dairi, comme un vassal à son souverain. Il lui fait de superbes présens, & en reçoit aussi de fort riches. On lui apporte ensuite une tasse d'argent pleine de vin. Il boit la liqueur, casse le vase, & en garde les morceaux. Cette cérémonie passe pour une preuve solemnelle de dépendance & de soumission.

Cette scène de théâtre n'enlève cependant point au *Cubo* la puissance absolue. Indépendamment de son domaine qui renferme plus de la moitié du Japon, & des droits qui se lèvent en son nom sur le commerce étranger & sur les mines, chaque seigneur est obligé de lui entretenir un nombre de soldats proportionné au revenu dont il jouit. Toutes ces troupes montent à trois cens huit mille fantassins, & trente-huit mille huit cens hommes de cavalerie. De son côté, le Cubo compte, à sa propre solde, cent mille hommes de pié, & vingt mille chevaux, qui composent les garnisons de ses places, sa maison & ses gardes. Les armes des cavaliers sont des carabines, des javelots, le dard & le sabre. Les fantassins ont chacun deux sabres, une espèce de pique & un mousquet. Si l'empereur avoit besoin de plus grandes forces, il lui seroit facile de rassembler de formidables armées sans causer aucun désordre dans le commerce de ses états ».

« Autant il est facile au Cubo d'amasser d'immenses trésors, autant les grands trouvent de difficulté à grossir leurs richesses. La politique du souverain les engage dans des dépenses excessives. Quand il forme quelqu'entreprise considérable, il en charge un certain nombre de seigneurs, qui font obligés de l'exécuter à leurs frais. Dans mille occasions, ils doivent donner des repas & des fêtes : la prodigalité en fait les honneurs. Tous les deux ans, ils viennent passer six mois à la Cour. Pendant leur absence, on y retient leurs femmes & leurs enfans comme un gage de leur fidélité. Il n'y a point de moyens que la tyrannie n'ait inventé pour asservir les grands du royaume. Lorsqu'un prince bâtit une maison, il faut qu'outre la porte ordinaire, il en fasse faire une autre, ornée de bas reliefs, dorée & vernissée. Pour en conserver la beauté, on la couvre de planches. Cette porte sert à l'empereur seul, lorsqu'il vient rendre visite à son sujet. L'invitation se fait trois ans auparavant. Cet intervalle est employé aux préparatifs. Lorsque le Cubo se rend dans le château de son favori, il lui fait un présent magnifique, digne d'un grand roi. Mais quel que soit son prix, il est toujours très-inférieur à la dépense que nécessite la présence du souverain ».

« Son autorité s'est étendue jusqu'à faire l'outrage le plus sanglant à l'autorité paternelle. Il marie suivant son caprice les seigneurs de sa cour. Les femmes, qu'on tient ainsi de sa main, sont traitées avec la plus grande distinction. On leur bâtit des palais. On leur donne une maison nombreuse, & beaucoup de

G v

filles pour les servir. Ces filles, qui sont choisies parmi la noblesse inférieure, s'engagent pour un certain tems ; lorsqu'il est révolu, on les établit d'une manière convenable à leur état. Enfin la politique de cette cour, comme celle de tous les Despotes, est entièrement fondée sur la crainte & la défiance ».

J'aurois encore appris beaucoup d'autres particularités, si la nuit, qui s'approchoit, ne m'eût forcé de me rendre dans le quartier des Hollandois, où il faut être retiré avant la fin du jour.

LETTRE VIII.

De Nangasaki, le 8 Mars 1781.

CROIRIEZ-VOUS, madame, qu'à force d'égards & de complaisances, j'ai su gagner la confiance des Japonois? Je ne connois point de nation qui soit plus sensible à des témoignages d'estime, & qui mette plus de générosité dans ses procédés. Deux bonzes même, que l'austérité de leur état rend inaccessibles aux étrangers, veulent bien m'admettre dans leur société. La religion est le plus souvent le sujet de nos entretiens: voici, à-peu-près, le fruit que j'ai tiré de ces conversations.

Trois espèces de culte trouvent dans cet empire différens sectateurs. Le premier, & le moins suivi, est celui du *Sintos*. Il ordonne l'adoration des idoles de la patrie, qui d'après l'opinion commune la gouvernent depuis un tems immémorial. Le second se nomme *Budso* : il consiste dans la vénération qu'on a pour les idoles étrangères. Le troisième, qui est plus simple, & qui est fondé sur la morale de la saine raison, s'appelle *Siuto*.

Les prosélites du Sintos ne se proposent d'autre but que leur bonheur. L'idée obscure qu'ils ont de l'immortalité de l'ame, ne leur donne aucune inquiétude sur leur existence future. Quoiqu'ils ayent un respect infini pour un être supérieur, qu'ils placent dans la région la plus élevée du ciel, d'autres dieux reçoivent encore leurs hommages, & les méritent sûrement à de plus justes titres. Ce ne sont point ces enfans hideux d'une imagination imbécille; mais ces hommes généreux, qui, par des services essentiels rendus à l'état, ont immortalisé la mémoire de leur vie. C'est aux images de ces héros que tout vrai patriote doit adresser les vœux de sa reconnoissance ; c'est pour les honorer d'une manière digne d'eux, qu'il doit caresser la vanité du Dairi, souverain pontife, qui, se flattant de descendre de ces grands hommes, croit les repréfenter fur la terre. D'après ce préjugé que la fottife a établi, il s'arroge le droit de déifier à fon gré ceux qu'il juge dignes de cet honneur, foit par la vie exemplaire qu'ils ont menée, foit par les actions mémorables qui ont illuftré leur vie. La fimple décifion de ce pontife en impofe à la foible crédulité du peuple, qui auffi-tôt élève des temples au prétendu immortel, & l'adore dans fes prières. Ces apothéofes font accompagnées d'un cérémonial impofant. Mais ce qui vous étonnera fans doute, c'eft qu'on s'avife de limiter l'autorité du nouveau dieu. Il eft vrai qu'on doit réferver quelque puifsance pour ceux qu'on lui assimilera un jour. Leurs pagodes sont aussi nombreuses que les maisons. Il est d'usage de recueillir dans une châsse les armes & les ossemens de la divinité. Ces sottes reliques sont aussi fêtées que celles de nos saints.

Non-seulement le Dairi a le pouvoir de créer des dieux, mais lui-même pendant sa vie est l'objet le plus vénéré du culte des Sintoïstes. Ils croyent que les héros, dont le pontife tire son origine, abandonnent leurs demeures célestes, pour venir faire sa société pendant un mois de l'année. Cette opinion est si respectée, que pendant ce tems tous les temples sont déferts, & que ce mois s'appelle le *mois sans dieux.*

Les prêtres de cette secte sont si humiliés des fables monstrueuses & extravagantes qui en composent la théologie, qu'ils se gardent bien de révéler à tous leurs disciples toutes ces impertinences. Ils ne les confient, que sous la foi du serment, aux initiés qui doivent arriver au sacerdoce. Quoiqu'ils ne croyent point à la métempsicose, ils s'abstiennent de tuer & de manger les animaux utiles. L'ame du juste est reçue dans des lieux de délices; celle de l'impie revient sur la terre, pour expier ses crimes. Chez eux point d'enfer, point de tourment, point d'épaisses ténèbres; rien qui puisse effrayer utilement l'audace du scélérat. Les ames des renards sont les diables du pays, parce que ces animaux y font beaucoup de ravages.

Les sectateurs du *Sintos* sont asservis à quelques commandemens; le premier, que l'on ne suit pas toujours, prescrit d'exécuter les ordres des magistrats, & de s'éloigner de ce que la nature & la raison interdisent à tous les hommes. Mais une loi sacrée parmi eux, & dont ils ne s'écartent jamais, c'est de veiller à la pureté extérieure. Ceux qui ont ensanglanté leurs mains, assisté à l'exécution d'un criminel, ou vécu de quelqu'être animé, ne peuvent entrer dans les temples. Si en travaillant au temple d'un dieu, un ouvrier reçoit quelques blessures, ce malheur est le signal d'un désastre ; l'artisan en est doublement la victime : son état est perdu pour lui. La mort d'un père ou d'un parent interdit l'approche des autels à ceux qui portent son deuil. On voit même quelques casuistes assurer que ces impuretés rejaillissent sur ceux qui en sont les témoins. Ils y joignent celle de la bouche, qui consiste à prononcer des choses malhonnêtes. Par le même scrupule, ils ne veulent pas qu'un malheureux cherche dans la prière un soulagement à sa douleur. Il est méséant, disent-ils, d'offrir des idées désagréables à ceux qui ne connoissent que celles du bonheur.

La célébration des fêtes solemnelles est aussi un point essentiel de la religion du *Sintos*. Ces jours sont principalement destinés à visiter les temples, à complimenter les amis, & à se livrer avec eux aux excès du plaisir & de la débauche.

Il y a trois fêtes chaque mois. Tous les ans, à cinq jours fixés, on en célèbre d'autres avec un appareil incroyable. Je ne dois point passer sous silence la dissolution qui règne alors parmi ces zélés sectateurs.

La première orgie qui se présente est celle du jour de l'an. Tous les Japonois, ceux même de la plus haute qualité, quelle que soit l'idole qu'ils honorent, se parent le matin de leurs habits les plus brillans, marchent d'un air grave & composé jusqu'à la cour du temple, où ils se lavent dans un bassin préparé pour cet usage. Baissant ensuite les yeux, guidés par le respect, ils s'avancent, montent les degrés qui mènent à la galerie, & fléchissant les genoux avec une humilité profonde, ils penchent la tête & la relèvent peu-à-peu. Dans cette posture, une courte prière qu'ils composent eux-mêmes, expose à la divinité leurs besoins & leurs desirs ; l'oraison finie, ils déposent dans un tronc leur offrande & frappent quelques coups sur une cloche pour amuser les dieux, qui selon leurs idées sont très-partisans des doux accords de la musique. Après cette cérémonie l'on se retire. Chacun se répand chez ses amis. On se fait les complimens que le jour a mis en usage. Ceux qui les reçoivent, ne peuvent pas comme chez nous douter de la sincérité de ces vœux. Le Japonois est trop fier pour tenir un langage démenti par le cœur. Les grands, qui ne se montrent qu'à leurs intimes, ont à leur porte une personne placée pour recevoir les noms & les cadeaux de ceux qui se présentent. Trois jours sont consacrés à ces entrevues. Les ouvriers, que l'indigence empêche de vêtir comme les autres, empruntent une robe, ceignent le cimeterre, & font reçus dans les sociétés pour participer aux réjouissances & aux repas somptueux que le riche citoyen offre dans ce grand jour.

Le printems amène à sa naissance une autre solemnité. Pour célébrer son retour, les chefs de famille invitent à un festin splendide leurs parens & leurs amis. Une grande salle ornée de poupées magnifiques, qui représentent la cour du Daïri, reçoit toute l'assemblée. Les jeunes demoiselles, auxquelles cette fête est particulièrement destinée, font les honneurs de la table, & choisissant les mets les plus délicats, les présentent agréablement à ceux des convives qu'elles favorisent. C'est là, je crois, une manière assez douce d'invoquer la déesse des richesses, qui, sous le nom de *Bensaiten*, doit à l'Histoire suivante l'encens qu'on brûle sur ses autels.

Une dame fort riche goûtoit depuis plusieurs années les plaisirs de l'hymen; mais le nom de mère n'avoit point encore fait sentir à son ame tout ce qu'il peut avoir de douceur. Elle supplia donc les dieux de lui accorder enfin cette faveur. Ses prières furent exaucées. Elle devint grosse, & accoucha de cinq cens œufs.

Effrayée de cette fécondité, & craignant que les nouveaux nés ne cachassent quelques animaux monstrueux, elle refusa de les faire éclore. Elle les mit dans une boëte, sur laquelle on écrivit le mot de *fos-joroo*, & la jetta dans la rivière. Quelque tems après, un pêcheur apperçut ce dépôt. Il s'en saisit, & voyant ce qu'il contenoit, il alla le porter à sa femme, qui sûrement ne se doutoit pas que ce fût l'ouvrage d'une de ses semblables. S'imaginant toute fois que cette boëte n'avoit point été jettée sans dessein, elle voulut que son mari la reportât où il l'avoit trouvée. Celui-ci, d'un avis contraire, la plaça dans un four entre
des

des couffins. Quelle fuprife, lorfqu'il entendit les cris de cinq cens marmots! Quel embarras pour les nourrir! Cependant fa pitié pourvut aux befoins de leur enfance, & lorfqu'ils furent devenus plus grands, il les pria de déloger. Chaffée de chez la nourrice, que deviendra notre couvée? Point d'inquiétude. Ces meffieurs s'amufent à voler fur les grands chemins. Remontant la rivière, dépourvus de gîte, & écrafés de fatigue, l'un d'eux s'avife de frapper à la porte d'une maifon : un laquais ouvre, & demande le nom. Nous fommes, lui répondit-il modeftement, une couvée de cinq cens œufs. Preffés par le befoins, nous fommes forcés de nous arrêter. Si vous êtes insensible à notre misère, nous passerons plus loin. Le domestique annonce la visite. Avant de la recevoir, la maîtresse demande s'il n'y avoit rien d'écrit sur la boéte qui les enfermoit. *Fos-joroo*, crièrent les malheureux, nous servoit d'adresse. La dame aussi-tôt reconnut sa petite famille, & se réjouit avec elle de voir ses desirs si généreusement accomplis.

Il y a aussi une autre fête pour les réjouissances des écoliers, qui, ici comme ailleurs, aiment beaucoup à se divertir. La bonne-chère, les jeux les plus bruyans succèdent au travail. Ceux que l'émulation domine, plus avides de gloire que d'amufemens, attachent à des morceaux de bambou des vers de leur compofition, & par ces marques publiques de progrès, ils confolent leurs parens des facrifices d'une éducation coûteufe. Une quatrième fête eft uniquement confacrée aux excès de la table, à la danfe & aux fpectacles. Quoiqu'elle appartienne aux Sintoiftes, tous les Japonois la célèbrent, parce qu'étant celle du plaifir, ils faififfent avidement celui qui fe préfente. Pendant plufieurs jours, ce n'eft que joie, ivreffe & débauche. Chacun traite fes amis. Les étrangers même font reçus aux divertiffemens. On croiroit affifter aux bacchanales des Romains.

Le pélérinage d'Isje est encore un article du culte des Sintoïstes. La province d'Isje, célèbre par la naissance du plus grand des dieux de cette secte, a donné son nom au temple le plus fameux de la divinité. Cependant rien de plus simple & de plus propre à rappeller à l'esprit des Japonois la pauvreté de leurs ancêtres, que cet édifice de bois & couvert de chaume. Un miroir placé au milieu représente au fidèle, l'œil, la pénétration, la pureté de l'intelligence suprême. Les murailles, ornées de papier blanc, portent l'emblême de la modestie & de l'innocence si agréables à tous les dieux. Ce temple est environné d'un grand nombre de chapelles, si petites, & si basses que ceux qui les desservent peuvent à peine s'y tenir de bout. Assez près de-là, s'élève un gros bourg rempli de prêtres, d'hôtelleries, d'imprimeurs, de menuisiers, & d'autres artisans dont l'état se rapporte au commerce que l'on fait dans le saint lieu. C'est là que tout homme, pénétré de respect pour la religion, se rend au moins une fois l'année. L'empereur y envoie une pompeuse ambassade. Au mois de mars, la route qui mène à ces autels est couverte de fervens voyageurs. Chaque particulier entreprend le voyage selon sa fortune. Accompagnés d'une suite nombreuse, vêtus d'un habit blanc élégamment brodé, les gens de qualité le, font à cheval ou en litière. Les pauvres, foutenus par la charité, vont à pié, un bâton à la main, une écuelle à la ceinture. Leur lit, qui eft une natte de paille roulée, charge leurs épaules. Leur nom, le lieu de leur naiffance, l'endroit d'où ils viennent, gravés fur leurs grands chapeaux de rofeaux refendus, annoncent à qui ils appartiennent, & les font reconnoître en cas d'accident. En partant, le pélerin attache à fa porte une corde entortillée d'un morceau de papier, pour éloigner de fa maifon *l'impur*, dont la préfence facrilège eft le préfage d'une longue fuite de malheurs. Cette précaution ne suffit pas pour assurer au pénitent le succès de ses vœux. Il faut sur-tout qu'il évite les femmes de débauche, & même la sienne. On prétend que pendant ce voyage, les pélerines sont exemptes des incommodités ordinaires du sexe : soit que la fatigue occasionne ce dérangement, soit plutôt qu'elles prennent un soin extrême de cacher leur état, qui leur faisant contracter une impureté légale, les exposeroit aux mépris & aux insultes de leurs compagnons. Tout homme doit donc renoncer à la couche nuptiale. Ce n'est point que les dieux puissent s'irriter d'un plaisir aussi naturel : mais craignant que les sens trop vivement émus ne détruisissent les idées spirituelles, les femmes n'habitent point avec leurs maris.

En arrivant à Isje, les pélerins abordent d'une manière civile le prêtre auquel ils sont recommandés. Ils logent dans sa maison, si la médiocrité de leurs moyens leur interdit l'entrée dispendieuse des hôtelleries. Quelques jours après, présentés par le ministre devant le temple, ils se couchent à terre, & dans cette posture adressent leurs prières au plus puissant des dieux. Après avoir entièrement satisfait à leur dévotion, ils reçoivent une petite boëte qui contient la rémission absolue de leurs fautes. Ils l'attachent & la portent avec respect sous le chapeau, pour la préserver de la pluie. Au retour, on la conserve précieusement. Quoique son heureuse influence finisse avec l'année, on la place dans une petite niche, assez élevée pour la soustraire à la curiosité destructive de l'enfance. On débite dans l'empire une quantité prodigieuse de ces indulgences à l'usage des malades qui n'ont pu visiter les lieux saints, & principalement pour favoriser l'indifférence des premiers seigneurs, trop au-dessus des devoirs pour donner dans ces voyages d'une dévotion populaire.

La secte de *Siaka* ou de *Budso* a pris naissance dans l'Inde. Comme le figuier de cette contrée qui se multiplie de lui-même, en formant de nouvelles racines par l'extrêmité de ses branches, elle s'est répandue à Siam, à la Chine & au Japon. On raconte mille traits fabuleux de son fondateur. Son histoire varie selon les climats qui l'adorent. Les Indiens le nomment *Wisthnou*; les Siamois, *Sommona-Kodom* ; les Chinois, *Foé*; les Japonois *Buds*, ou *Siaka*. Les principes de sa doctrine furent recueillis par deux de ses disciples. Cet immortel ouvrage les associa a la gloire de leur maître dont ils partagent les autels.

Les apôtres, qui annonçoient le culte de *Siaka* à la Chine, vinrent aussi prêcher ses erreurs au Japon. Elles n'eurent d'abord qu'un succès très-lent; mais aujourd'hui cette religion est la plus accréditée. Touchés de ses maximes, les Sintoïstes mêmes adoptèrent les points essentiels de sa morale. Un de ses principaux dogmes est l'espoir d'une vie immortelle pour l'innocent, & un lieu de peines pour le coupable. C'est pour mériter l'un & éviter l'autre, que les sectateurs doivent renoncer à leur famille, & que devenus leurs propres bourreaux ils s'infligent des supplices atroces qui outragent la nature, & déshonorent le dieu qu'ils révèrent. Les uns se précipitent au fond de la mer; ceux-ci, enfermés dans des cachots affreux, supportent constamment les rigueurs de la faim qui les tue ; ceux-là, du sommet des rochers, se jettent au milieu des flammes sulfureuses ; d'autres, plus fanatiques encore, se font écrâser sous les roues du char qui traîne leur idole, & offrent au simulacre le sang qui rougit son passage. Tels sont les terribles effets d'une religion barbare, qui a pour fondement la métempsicose. Les bonzes, qui sont les prêtres des Budsoïstes, dépendent d'un grand pontife. Son autorité illimitée s'étend jusques sur leur vie. La vénération ridicule, que ce chef inspire à ses foibles sujets, fait croire que ses decrets irrévocables assignent à chacun la place qu'il doit occuper dans le ciel ou dans l'enfer. Infaillible

faillible dans ses décisions, c'est à ses connoissances que l'on soumet l'interprétation des livres. Lui seul consacre ses évêques, & règle le cérémonial où son orgueil s'étale avec tant de sottise. Ses religieux, divisés en quatre monastères, que la haine la plus implacable anime l'un contre l'autre, ont la tête & la barbe rasées; ils ne mangent ni chair ni poisson. Sous les dehors de l'austérité, ils cachent, dit-on, la corruption la plus horrible & la moins naturelle. Ceux que la vraie piété conduit, se lèvent à minuit pour prier. Leur visage est le siège de la modestie & de la candeur. Le peuple, toujours favorable à ce qu'il respecte, les prend pour des saints. A l'aide de cette opinion superstitieuse, tous ces moines traitent despotiquement quiconque se soumet à leur direction. Le crédit qu'on leur suppose dans le ciel, le soin qu'ils ont d'attirer dans leurs corps les jeunes-gens, que leur naissance élève au-dessus du peuple, soutiennent leur réputation contre les attaques, non de la calomnie, mais de la médisance. Il n'y a point de prince au Japon qui ne se croye honoré d'avoir un fils parmi eux. De-là cette confiance aveugle pour tout ce qui sort de leur bouche & de leurs mains. Ils font un débit prodigieux de certaines robes de papier, sur lesquelles ils représentent les figures de leurs idoles. A l'heure de la mort, tous les sectateurs veulent être couverts de ces pieux vêtemens. Ces moines emploient toutes sortes de ruses pour enrichir leurs maisons, qui engloutissent la moitié des biens de l'état. Un de leurs moyens les plus efficaces est celui de la prédication, de laquelle par conséquent ils font un grand usage. Revêtu d'habits magnifiques, le docteur monte sur une estrade, que parent les plus riches tapis de la Chine. Il ouvre le livre de la loi, en lit quelques lignes, & les explique d'une manière aussi inintelligible que le texte. Tombant ensuite adroitement sur quelque point de morale, il parle avec emphase de la faveur des dieux, & assure avec audace, que pour s'en rendre digne, il faut orner les temples, & surtout combler leurs ministres de libéralités.

Les adorateurs de *siaka* ont leurs fêtes comme les Sintoistes. Une des principales est celle de l'Homme. Elle commence par une procession, où quarante esclaves traînent avec peine plusieurs chars de triomphe embellis de figures simboliques. Ils sont suivis d'une troupe d'enfans richement vêtus, qui font retentir l'air du bruit des instrumens guerriers. Paroissent ensuite d'autres chars plus nombreux & plus brillans, où sont étalées de nombreuses & ridicules peintures, qui représentent les monumens de l'antiquité, & les exploits des héros. L'idole principale, portée fur un magnifique brancard, s'avance, ayant à fa fuite une autre idole qu'on lui donne pour maîtreffe : on fait ainfi quelques tours par la ville. L'époufe légitime du dieu, qu'on promène d'un autre côté, rencontre le cortège. Irritée de la préfence de fa rivale, elle fe retire ; & le peuple, touché de fa douleur, verfe des larmes. Chacun femble prendre parti entre le dieu, fon époufe & fa concubine. L'affemblée fe fépare en défordre, & les idoles reprennent le chemin du temple.

Dans une autre fête, on promène une idole à cheval, le cimeterre à la main, accompagnée de deux pages, dont l'un porte l'arc & les flèches du dieu, l'autre un oiseau de proie. Ensuite paroît un char vuide qui reçoit les hommages du peuple. Quantité de gens en livrée succèdent à pié & à cheval, & chantent avec gaieté, *mille ans de plaisir, mille milliers d'années de joie !*

On célèbre une dernière fête instituée pour décider, par les armes, de la préséance entre les dieux inférieurs. Des cavaliers armés, portant chacun sur le dos la figure de la divinité dont il préfère le culte, se rendent sur une esplanade. En arrivant ils forment divers escadrons : c'est le prélude d'un combat sanglant qui commence à coups de pierre. Bientôt on emploie les flèches, la lance & le fabre. On fe traite avec toute la fureur de la haine. Auffi ce lieu eft-il le rendez vous de tous ceux qui, ayant quelque querelle à vuider, fe vengent fous le mafque de la religion. Le champ de bataille demeure couvert de morts & de bleffés, fans que le magiftrat ait droit de rechercher les motifs de cette violence.

La troifième fecte, connue au Japon fous le nom de *Siuto*, étoit celle des philofophes, qui faifoient confifter le fouverain bien dans les charmes d'une vie douce & vertueufe. Guidés par la fimple raifon, qui ordonne à tous les hommes d'être juftes, ils ne reconnoiffoient d'autres récompenses que la tranquillité de l'ame. Ils regardoient la mort comme une action héroïque, lorsqu'elle seule pouvoit soustraire à l'ignominie du supplice, ou à la honte d'une défaite. Ils admettoient un dieu, maître de l'univers, qu'ils se bornoient à remercier de ses dons. Remplis de vénération pour leurs ancêtres, ils étoient très-indulgens pour tous les hommes, pour toutes les sectes, qu'une opinion différente éloignoit de leurs principes. Ils suivoient en tout la doctrine de *Confucius*, dont la mémoire est aussi respectée au Japon qu'à la Chine.

Autrefois cette société étoit fort nombreuse. La culture des arts & des sciences lui plaisoit. Tout ce qu'il y avoit de poli & de spirituel dans la nation, s'honoroit de cette association. Sans doute qu'une religion aussi douce, aussi tolérante, auroit fini par dominer dans ce pays, sans l'arrivée des idoles qui inspirèrent un enthousiasme général, auquel cette philosophie fut enfin sacrifiée.

Ce n'est pas tout; lorsque l'évangile fut prêché au Japon, le peu qui restoit de ces mêmes philosophes, frappé de la simplicité de notre morale, en soutint les premiers apôtres. Un exemple aussi puissant pouvoit avoir des suites importantes pour tout l'empire. Cet avenir effraya les deux sectes autorisées par le gouvernement; elles firent proscrire le Christianisme, & se liguèrent pour exiger que la troisième secte, leur rivale, se déclarât en faveur de l'une ou de l'autre. Les philosophes, craignant d'être compris dans la persécution, de perdre leur fortune & la liberté, se soumirent à recevoir chez eux une idole. La vue continuelle de cette image leur en a insensiblement fait adopter le culte, & la secte est retombée dans l'oubli. Il y a environ un siècle qu'un prince voulant la faire revivre, attacha de grands privilèges à une Université, où les savans rassemblés donnoient des instructions publiques. Mais les allarmes des prêtres, qui voyoient leurs temples déserts, &

leurs troncs méprisés, parvinrent aux piés du trône. Une nouvelle ordonnance de l'empereur a plongé la compagnie dans une obscurité, où vraisemblablement elle va s'éteindre pour toujours.

L'époque la plus remarquable de l'histoire religieuse des Japonois est sans contredit l'établissement du Christianisme chez eux, comme leur conversion est la partie la plus glorieuse de l'apostolat de François-Xavier. L'éloquence de cet apôtre fit triompher le Dieu qu'il annonçoit. Chaque jour amenoit de nouvelles conquêtes. L'orgueil des bonzes irrité par l'éclat de ces succès mit tout en usage pour en arrêter le cours. Ils prêtèrent des crimes aux profélytes, flattèrent les paſſions des princes, & leur firent enviſager les révolutions qui pouvoient naître de ce changement de religion. Les ſeigneurs, excités par le fanatiſme de ces prêtres audacieux, ſuſcitèrent des guerres ſanglantes dont la foibleſſe des chrétiens fut toujours la victime.

Du côté des chrétiens, madame, la première cauſe de ces troubles fut l'indiſcrétion d'un prêtre portugais, qui refuſa de céder le pas à un des officiers de l'empereur ; la ſeconde, l'obſtination des Jéſuites, qui ſoutinrent trop leurs droits en refuſant de rendre une maiſon qu'un ſeigneur japonois leur avoit donnée, & que le fils de ce ſeigneur leur redemandoit ; du côté des Japonois, la crainte de la domination des chrétiens, dont l'orgueil, l'avarice, l'esprit d'intrigue & l'ambition ont fait dans tous les pays plus de mal à la religion chrétienne, que la haine même de ses ennemis les plus ardens. On crut difficilement à une morale qui recommande l'oubli des injures, lorsque des prêtres indignes de l'annoncer, ne savoient point pardonner; qui prêche le mépris des richesses, lorsqu'ils étoient d'une cupidité insatiable ; qui regarde comme une des premières vertus, la douceur, la concorde, la charité, la modestie, le dévouement au bien public, lorsqu'ils se montroient durs, superbes, intriguans, factieux, personnels, fanatiques & persécuteurs. Les Japonois connurent trop tard le caractère de ces hommes bouillans qui les avoient entraînés. Ils avoient été dupes de leurs vertus apparentes, de leur faux désintéressement; ils ne virent donc plus dans cette morale sublime & toute céleste, qu'un moyen plus adroit de séduction pour ces étrangers qui l'annonçoient. Ils se lassèrent enfin de ne leur entendre parler que de vertus, & de ne voir en eux que des vices. Les bonzes appréhendèrent d'être dépouillés de leurs anciennes possessions. L'empereur craignit pour l'état. Les Espagnols s'étoient rendus maîtres des isles

Philippines, voisines du Japon ; on savoit ce qu'ils avoient fait en Amérique ; il n'est pas étonnant que les Japonois fussent allarmés. Mais ce qui acheva de les aigrir fut la découverte d'une conspiration formée par les Portugais, contre le trône même. Les Hollandois qui cherchoient à s'élever sur leurs ruines, en donnèrent les premiers indices. Alors, dans une assemblée générale des grands, le monarque prononça ce fameux Edit qui chasse les Portugais & les Espagnols, condamne tous les Catholiques à une prison perpétuelle, met à prix la tête de leurs prêtres, & sous peine de mort, défend à ses sujets de quitter leur patrie.

Ainsi la politique de l'état s'est ôté l'unique moyen de s'adoucir elle-même, en adoucissant le caractère national. Le Japonois ardent comme son climat, agité comme la mer qui l'environne, avoit besoin de la plus grande activité que le commerce le plus vif pouvoit seul lui donner. Pour n'être pas forcé de le contenir par les supplices, il falloit l'exercer par les travaux. Son inquiétude devoit avoir une carrière libre au-dehors, si l'on craignoit qu'elle n'allumât un feu séditieux au-dedans. Cette énergie de l'ame qui est dégénérée en fanatisme, se seroit exaltée en industrie. La contemplation se seroit changée en action; la crainte de la douleur en amour du plaisir. Cette haine de la vie qui tourmente le Japonois enchaîné, gourmandé, effarouché par le frein des loix qu'il ronge dans sa rage, auroit cédé dans son ame à la curiosité de courir les mers, & de voir les nations. En changeant souvent de place & de climat, il eût insensiblement changé de mœurs, d'opinion & de caractère, & ce changement étoit un bien pour lui, comme il l'est pour la plupart des peuples. Par le commerce on est moins citoyen peut-être, mais on est plus homme; & le Japonois est devenu un tigre sous la verge de ses tyrans.

La sentence sévère portée par l'empereur fut le signal d'une persécution atroce. Quarante mille chrétiens cruellement pourſuivis ſe retirèrent dans une forterefſe pour y vendre chèrement leur vie. Le prince les fit afſiéger par une armée formidable. Leur réſiſtance opiniâtre ne put être vaincue que par les ſecours des Hollandois qui s'enrichiſſoient de leurs débris. C'eſt à ce ſervice que cette nation eſt redevable du privilège excluſif de commercer dans cette iſle ; mais par quelles humiliations ces rois de Batavia & des Moluques n'achètent-ils pas cette préférence ? Obſervés comme des eſpions, avilis comme des eſclaves, enfermés comme des priſonniers, ils abjurent ici la religion de leur patrie.

Je ne puis, madame, terminer cette lettre fans parler d'une cérémonie inventée par les Japonois, pour empêcher tout retour vers le Chriſtianiſme. On la nomme *jeſumi*, & chaque nouvelle année la ramène. Les officiers, chargés de cette exécution, ſuivis de deux hommes qui portent, l'un un crucifix, l'autre une figure de la vierge, ſe partagent les rues, & vont de maiſon en maiſon. Aſſis ſur une natte, ces commiſſaires appellent tous les gens du logis, & leur font ſucceſſivement fouler aux piés les images de notre croyance. Perſonne n'eſt diſpenſé de ces horribles ſacriléges ; les mères mêmes arrachent les enfans de leur ſein pour les soutenir sur la croix. Après avoir ainsi parcouru toutes les maisons, les inquisiteurs, se servant mutuellement de témoins, marchent sur les images ; & leurs certificats scellés de leur signature sont présentés à l'empereur qui contemple avec plaisir ces gages de sa vengeance & de sa tranquillité.

Quelques missionnaires ont essayé de tems en tems de s'introduire dans ce pays, & toujours sans succès. Les avenues en sont si bien gardées, qu'il leur est impossible de franchir ces barrières. En 1709 un eccléfiastique italien, & deux ans après quelques Jésuites y débarquèrent : on n'a point su ce qu'ils sont devenus.

LETTRE IX.

D'Ofacka, le 26 Mars 1781.

JE vais, madame, vous rendre compte des objets qui m'ont le plus frappé depuis notre départ de Nangafaki, jufqu'à mon arrivée dans cette ville. Je voulois d'abord être rendu à Iédo, avant de vous adreffer une nouvelle lettre; mais les détails que je recueille fur la route me paroiffent affez agréables pour être offerts promptement à votre curiofité.

Quelque variée que foit la vie dont vous jouiffez à Paris, peut-être, à la lecture de cette lettre, regretterez-vous de ne pouvoir voyager dans ces ifles célèbres, où la police la plus exacte assure le repos & la tranquillité des citoyens. Vous verriez avec un plaisir mêlé d'admiration, des maisons propres, des jardins délicieux, des ponts d'une hardiesse étonnante, ornés de belles balustrades, sur lesquelles on distingue de chaque côté un rang de grosses boules de cuivre, des chemins unis comme nos promenades, des postes aussi bien réglées que les nôtres, des distances marquées avec plus de goût, & par-tout des hôtelleries charmantes, où le voyageur opulent peut également satisfaire ses besoins & ses caprices. Voilà ce que j'ai remarqué;

mais bien moins que la beauté des grands chemins qui l'emportent en agrémens sur les grandes routes de la France.

Celles du Japon sont si larges que les trains les plus considérables des princes & des seigneurs peuvent s'y croiser sans désordre, & même sans embarras. Elles sont divisées en milles géométriques, qui commencent au grand pont de Iédo, comme au centre commun de l'empire ; les milles sont marqués par de petites buttes placées vis à-vis l'une de l'autre ; le sommet en est couronné par des arbres. A l'extrémité de chaque province, on lit des inscriptions qui indiquent quelles sont les terres où l'on se trouve, le nom du seigneur qui les gouverne, & jusqu'à quel pays s'étend son autorité. Jamais un voyageur ne peut s'égarer dans sa marche, les endroits les moins fréquentés sont semés de petites bornes où l'on apperçoit des affiches sur lesquelles est inscrit le nom de la ville ou du château le plus voisin. Tous les chemins sont embellis de chaque côté par une rangée d'arbres alignés, qui mariant leur ombre à la fraîcheur des fontaines, doivent adoucir beaucoup les chaleurs de l'été. Ils sont bordés d'un fossé pour l'écoulement des eaux. L'impétuosité de celles qui, tombant des lieux élevés, pourroient causer quelque ravage, est réprimée

mée par des digues qu'on a construites à cet effet. Rien ne peut approcher de la propreté des chemins. Les paysans de chaque village sont chargés de les nettoyer. Tous les jours ils renouvellent ce travail qui ne leur est point onéreux ; au contraire, ils s'y livrent avec ardeur, parce qu'ils y sont poussés par leur intérêt. Tout ce qui peut salir les chemins tourne à leur utilité ; les branches des arbres leur servent de bois de chauffage qui est très-rare dans quelques provinces ; & ils enlèvent avec empressement toutes les immondices, pour en engraisser leurs terres.

Ce qui m'a paru ne pas répondre

à la politique d'un gouvernement aussi vigilant, c'est la liberté dangereuse qu'il semble accorder aux mendians d'importuner les voyageurs par des demandes aussi opiniâtres qu'ennuyeuses. Les chemins sont remplis de ces fainéans qui aiment mieux devoir leur existence à des charités humiliantes, qu'au travail de leurs mains. Quoi de plus rebutant que les instances de cette foule qui court au-devant des cavaliers, les obsède de ses plaintes, & arrache par des cris ce qu'on voudroit vainement refuser à sa paresse? A ces pélerins qui sont ordinairement engagés dans des confrairies, se joint une foule d'enfans; ils s'amusent à poursuivre les allans & les venans pour leur vendre des fruits & d'autres bagatelles. Les grandes routes sont encore peuplées d'une infinité de charlatans, qui à l'aide de quelques bouffonneries & de quelques tours d'adresse, font une quête moins apparente à la vérité, mais bien plus réelle.

En sortant de Nangasaki, nous apperçumes un village nommé *Mangom*, uniquement occupé par des taneurs qui font ici la fonction de bourreaux. A quelque distance nous remarquâmes une idole taillée dans le roc. On l'adore comme le dieu des chemins, & le patron des voyageurs. Cette idole avoit devant elle deux piliers sur lesquels brûloient des lampes entretenues par la libéralité des paſſans. On voyoit auprès un baſſin, où ceux qui veulent faire quelques ſacrifices doivent d'abord ſe purifier.

Après quelques jours de marche, nous découvrîmes la ville d'*Omura*. Avant d'entrer dans ſes murs, nous rencontrâmes des bains chauds, fameux par les différentes vertus qu'on leur attribue. L'édifice eſt fermé de baluſtrades de bambous travaillées avec art. Chaque bain a deux robinets, un pour l'eau froide, & l'autre pour l'eau chaude. La ſource n'eſt pas profonde; mais l'eau bouillonne avec tant de violence, qu'aucun d'entre nous n'oſa y porter les doigts. Le médecin de l'ambaffade, ne lui trouvant ni goût ni odeur, prétendit qu'elle n'avoit d'autre vertu que fon exceffive chaleur. Un Japonois, jaloux des raretés de fon pays, lui fit bientôt changer d'opinion. Il arracha une branche, la plongea dans le puits, & en donna à notre Efculape une feuille à mâcher. A l'inftant fa bouche & fa langue parurent peintes d'une couleur verte & jaune ; & l'indifcret docteur crut à la propriété de cette eau.

Le jour fuivant nous paffâmes par la grande ville de *Sanga*, capitale de la province de Fifen. Elle eft défendue par de fortes murailles. Les rues y font larges & droites, & arrofées de canaux & de rivières qui vont se perdre dans la mer. Les maisons y sont basses & les boutiques tendues de noir pour l'ornement. On ne peut s'empêcher d'admirer la petitesse & l'agrément des femmes, qui sont si mignones, qu'on les prendroit pour de jolies poupées. Elles paroissent moins des créatures vivantes, que des figures de cire, quoique la couleur vermeille de leurs lèvres atteste que ce sont des êtres animés.

La campagne aux environs de Sanga est fertile, unie & coupée de rivières ou de canaux traversés d'un grand nombre d'écluses qui peuvent servir à mettre dans un moment toute cette étendue de pays sous l'eau. Nous marchâmes long-

tems par des vallées agréables &
fertiles, & dans les plus belles campagnes. Nous nous arrêtâmes pour dîner dans un village fort peuplé, que l'on nomme *Lamaio*. L'aprèsmidi, la nécessité où nous étions de gravir des montagnes, qu'on ne peut traverser à cheval, nous obligea de faire usage de voitures fort incommodes, qu'on appelle *Congos*. Elles sont portées par des hommes, & leur forme est celle d'un panier quarré, ouvert de tous côtés, & simplement couvert d'un petit toît soutenu par un bâton. Au milieu d'une de ces collines, il y a un hameau sans nom, dont tous les habitans sont descendus d'un seul homme qui vivoit il n'y

a pas long-tems encore. Jugez de ma surprise à la vue de ce peuple qui n'est qu'une famille. Ce qui m'étonna sur-tout, ce fut de les voir tous très-beaux & très bien faits, avec cette politesse que peut donner l'éducation la plus soignée.

En descendant ces montagnes, nous soupâmes dans le village d'*Itz*, & nous en partîmes le lendemain avant le jour pour nous rendre à *Kokura*.

Cette ville, située dans la province de *Busen*, étoit autrefois fort grande & fort riche. On voit encore quelques débris de son antique splendeur, tels que des jardins, des bains publics, des hôtelleries, & un pont sur lequel règne de chaque côté une baluſtrade de fer d'un travail exquis. On nous fit prendre le chemin de ce côté pour nous embarquer dans de petits bâtimens de paſſage, qui nous tranſportèrent dans l'iſle de *Niphon*, ou *Nipon*.

A trois lieues de Kokura eſt la ville de *Simonoſeki*. Parmi les évènemens qui la rendent célèbre, je ne peux paſſer ceux-ci ſous ſilence.

On découvre aſſez près de ſes murs un roc qui s'élève au-deſſus de la mer, avec un pilier de pierre, que l'on nomme *Jorike*. Ce monument fut conſtruit en mémoire d'un pilote du même nom, qui avoit entrepris de conduire un fameux empereur du Japon, lorſqu'il vint ſubjuguer les provinces occidentales, & leur impoſer la forme de gouvernement, qui eſt actuellement établie dans tout l'empire. Jorike, ayant expoſé le prince au dernier péril auprès de ce roc, prévint le châtiment qu'il crut avoir mérité, en s'ouvrant le ventre à la manière japonoiſe. Pour éterniſer ce beau déſeſpoir, l'empereur ordonna qu'on lui érigeât ce mauſolée.

Le même roc eſt auſſi renommé par la mort du fils d'un empereur, héritier préſomptif de la couronne. *Feki*, prince d'un grand courage, ſe trouvoit engagé dans une guerre ſanglante. Il eut le malheur d'être vaincu; & ſa défaite le força d'abandonner *Ofacka*, fa réfidence ordinaire. Son rival, acharné à fa perte, le pourfuivit jufques dans fa retraite, & devint lui-même fon bourreau. Ce monarque infortuné ne laiffoit pour vengeur qu'un fils âgé de fept ans. La nourrice du jeune prince, effrayée pour fes jours, entreprit de le cacher aux fureurs de fon ennemi. Arrivée près de ce rocher, & fe voyant au moment de tomber, ainfi que fon nourriffon, dans les mains du vainqueur, elle embraffe tendrement le malheureux enfant, & dans un tranfport de douleur & d'affection, fe jette à la mer avec lui.

Le port de *Siogo* fixa auffi notre attention. Il eft défendu du côté de la mer par une digue de fable qui s'avance à l'est d'environ deux mille pas. Elle a coûté des sommes immenses, & la vie à une multitude d'hommes. Ayant été ruinée plusieurs fois par les vents & les orages, on désespéroit de la conduire à sa perfection. Trente hommes courageux eurent la générosité de se dévouer pour le bien public, en se faisant enterrer sous les fondemens de l'édifice, dans l'espérance d'appaiser le courroux des dieux. Quel héroïsme chez des peuples écrâsés sous un sceptre de fer ! Curtius fut moins admirable : Curtius étoit républicain.

Un vent favorable nous mena en quinze jours dans le port d'Osacka.

sacka. De magnifiques barques, qui attendoient l'ambassadeur, nous conduisirent le long des fauxbourgs jusques dans la ville. On nous assigna des chambres divisées, selon l'usage du pays, par des paravents. Au moment de notre arrivée, nous envoyâmes nos interprètes offrir quelques présens au gouverneur, & lui demander l'honneur de le voir. Cette grace nous fut accordée. Le lendemain, après nous être revêtus à la japonaise, d'un manteau de soie, qui est regardé comme l'habit de cérémonie, nous nous rendîmes au palais. Nous traversâmes un passage de trente pas pour entrer dans la salle des gardes, où nous fûmes reçus par deux gentilshommes. Quatre soldats faisoient sentinelle. Plus loin, huit officiers étoient assis sur leurs genoux & leurs talons. Les murs éroient garnis d'armes suspendues & rangées en bon ordre. Nous entrâmes dans une autre pièce, où deux secrétaires nous accueillirent avec politesse, nous présentèrent du thé, & nous entretinrent jusqu'à l'arrivée du gouverneur. Celui-ci parut accompagné de deux de ses fils. Il s'assit à dix pas de distance de la salle où nous étions. La conversation n'eut rien d'intéressant: on ne parla que du tems qui étoit bien froid, de la longueur du voyage, du bonheur d'être admis à l'audience de l'empereur, & de la distinction des Hollandois, qui, de tous les peuples du monde, font les feuls à qui cette grace eſt accordée.

Oſacka eſt une des cinq grandes villes impériales, fituée dans une plaine fertile, fur les bords de l'*Iodogava*, qui eſt un fleuve navigable ; il occupe ici une longueur de deux mille pas fur quatre mille de largeur. Les habitans reçoivent devant leurs maifons les marchandifes qu'on leur apporte dans de petites barques. Les principales rues font coupées par des canaux affez profonds pour foutenir les batelets. Des deux côtés de la rivière, il y a des marches de pierre, difpofées par étage, en forme d'efcalier, par lefquelles on peut prendre terre. Les rues étroites & alignées sont fermées la nuit. On trouve dans chaque rue tout ce qui est nécessaire pour arrêter les incendies qui sont très-fréquens dans le pays. Les piétons n'ont pour leur commodité qu'un très-petit chemin de pierre de taille.

Le château d'Osacka n'a, dans tout l'empire du Japon, que celui de *Fingo* qui le surpasse en force & en magnificence. Le prince y entretient toujours une nombreuse garnison, sous les ordres de deux principaux seigneurs de sa cour; ils commandent successivement. Au bout de trois ans, celui qui va rendre compte de sa conduite à l'empereur, laisse par écrit, dans son appartement, les instructions qu'il doit donner à son collègue. Ils ne se voient jamais dans cet échange.

Osacka est extrêmement peuplé; mais je croirai difficilement qu'on puisse, comme le disent les Japonois, lever une armée de quatre-vingt mille hommes de ses seuls habitans. Sa situation, qui est très-favorable au commerce, en fait la ville du royaume la plus marchande. On y trouve tout ce qui peut favoriser le luxe, la volupté & l'aisance. On s'y rend de tous côtés pour y vivre plus agréablement : les seigneurs y ont des hôtels, quoiqu'ils ne soient autorisés à y passer qu'une nuit. Le peuple est ici fort adonné à la musique, aux fêtes, aux spectacles & aux divertiffemens. Auffi les Infulaires nomment-ils cette ville le *théâtre des plaifirs*, & moi, le Paris du Japon.

LETTRE X.

A Méaco, le 18 Mars 1781.

Après avoir, madame, loué quarante chevaux & autant de valets, nous partîmes d'Ofacka pour Méaco, que treize lieues féparent. Nous parcourûmes la première lieue à travers des champs de riz fort humides, fur une chauffée baffe qui règne le long de l'Iodogava : cette chauffée eft plantée d'un grand nombre d'arbres d'une ftature auffi majeftueufe que celle de nos chênes, d'une écorce rude, & qui produifent un fruit jaune d'où l'on tire une affez bonne huile. Tout ce pays eft très-habité. Les villages se suivent de si près, qu'ils forment comme une rue continuelle jusqu'à Méaco. Nous allâmes dîner à *Firacatha*, qui est composé de cinq cens maisons ; & après avoir traversé *Faiquma* & *Fasimocla*, nous arrivâmes pour coucher à Iodo, petite ville célèbre par la beauté de ses eaux & de ses édifices. Son fauxbourg est une longue rue qui conduit à un magnifique pont de bois. Il a quatre cens pas de longueur ; quarante arches le soutiennent ; & une balustrade, couronnée de grosses boules de cuivre, l'embellit d'un & d'autre côté. Au milieu de la rivière, vers le côté occidental de la ville, est un château bâti de briques qui présente un superbe spectacle par la hauteur & la magnificence de ses tours.

Le lendemain matin nous traversâmes *Fusijmi*. C'est une petite ville sans portes : sa principale rue s'étend jusqu'à Méaco. Nous le suivîmes quelques heures, avant d'arriver à notre logement. Pendant cette espèce de promenade, une foule immense de citoyens des deux sexes s'offrit sans cesse à nos yeux de toutes parts. Les femmes nous parurent bien mises : elles avoient des robes de différentes couleurs, avec des voiles de soie sur le front, & des chapeaux de paille, pour défendre la fraîcheur de leur peau contre les rayons du soleil. On voyoit des mendians vêtus d'une manière bouffone ; les uns marchoient sur des échasses de fer ; d'autres portoient sur la tête de grands pots remplis d'arbrisseaux en fleurs ; ceux-ci cherchoient à dissiper leur ennui par des chansons ; ceux-là jouoient de la flûte, & unissoient au son de cet instrument le bruit de plusieurs sonnettes. Le peuple, bouche béante, les yeux fixes, admiroit la souplesse des doigts, & la rapidité des mouvemens de quelques farceurs, qui, pour s'assurer un dîné, mettoient à contribution les applaudissemens de l'assemblée.

A peine descendus dans notre hôtellerie, nous envoyâmes, selon l'usage, nos interprètes chez les principaux officiers de la ville.

Le jour suivant nous fûmes admis à l'audience du préfident de justice & des gouverneurs. Cette grace me parut chèrement achetée par l'humiliation qu'on nous força de dévorer, en nous faifant quitter nos voitures à cinquante pas du palais, pour faire à pié le refte du chemin. On pouffa la hauteur jufqu'à nous faire attendre à la porte, pendant qu'on annonçoit notre vifite. Le préfident dédaigna de paroître. Nos préfens furent mieux accueillis ; il voulut bien les recevoir par les mains de quelques officiers. Cette corvée, fi pénible pour l'homme qui conferve au fond de fon ame un refte de fierté, ne nous empêcha point de nous rendre chez le gouverneur. Nous fûmes plus heureux ; il voulut bien se montrer à nous : mais cette faveur, qui auroit pu flatter notre amour-propre, fut bientôt suivie de quelques épreuves injurieuses qui lassèrent cruellement ma patience. On nous pria de nous arrêter pour amuser des dames qui nous regardoient à travers des jalousies ; & comme le sexe est ici très-curieux de s'instruire & de connoître tout ce qui arrive des climats étrangers, il fallut avoir pour elles la complaisance de leur montrer nos chapeaux, nos épées, nos montres, &c. ; quelques-uns même d'entre nous furent invités à se dépouiller de leurs manteaux, pour laisser voir

& considérer à loisir les belles formes de leurs corps, & les heureuses proportions de leur taille, par devant & par derrière. Ils obéirent: on les admira, & moi aussi je les admirai, mais sous d'autres rapports. Qui se seroit attendu à trouver tant de complaisance dans les envoyés d'un peuple républicain?

Méaco, que l'on appelle la ville par excellence, parce qu'elle est la demeure du chef de l'église, est située dans la province de *Jamatto*, au milieu d'une grande plaine; elle a une lieue de longueur sur une demi-lieue de largeur. Du pié des collines dont elle est environnée, coulent de petites rivières & plusieurs fontaines qui rendent sa position charmante. On distingue au septentrion le superbe palais du Daïri. Les douze rues qui le coupent sont séparées du reste de la ville par des murs & des fossés profonds. On apperçoit dans la même enceinte les jolies maisons des femmes aimables dévouées aux plaisirs de l'Homme de *dieu*. A l'occident s'élève un château de pierres de taille bien fortifié. Il n'est occupé que par l'empereur séculier, lorsque ce monarque vient honorer de sa visite la divinité qu'il méprise au fond de l'ame. Les rues régulières, mais étroites, sont d'une longueur ennuyeuse. Les maisons, comme dans tout l'empire, n'ont que deux étages. La prudence a fait placer fur leurs toîts un réfervoir d'eau, où l'on trouve les secours néceſſaires pour arrêter le ravage des incendies.

Cette ville eſt le magaſin général des manufactures, le centre du commerce, & le dépôt de toutes les marchandiſes. On y rafine le cuivre; on y bat monnoie; on y travaille les plus belles étoffes, & on y imprime les productions des ſavans. On fait à Méaco les teintures les plus chères, les ciſelures les plus exquiſes, toutes ſortes d'inſtrumens de muſique, d'ouvrages en or & en métaux, les meilleures lames & les armes les mieux choiſies. C'eſt-là que ſe trouve enfin tout ce qui peut flatter le goût des délicats & le faste des riches.

On compte dans Méaco six cens mille habitans, parmi lesquels il y a plus de cent mille moines. Ce seroit mériter leur courroux & l'indignation de leur auguste souverain, que de passer dans cette ville sans visiter les temples qui l'embellissent. Ces édifices, que l'art & l'opulence ont pris plaisir à construire, sont placés sur le penchant des montagnes. Le premier qu'on nous a fait voir est la pagode impériale. On s'y rend par une allée spacieuse qui règne pendant plus de mille pas le long de la colline; la porte en est grande & magnifique, avec un double toît recourbé. Cette allée, couverte d'un beau sable, est bordée des deux côtés par de hautes maisons qu'occupent les officiers du temple. On passe à l'extrémité sur une grande terrasse entourée d'arbres & de buissons. Nous marchâmes ensuite entre deux superbes bâtimens de bois, qui précèdent une autre enceinte plus somptueuse encore. La galerie en est peinte assez agréablement; le parvis est revêtu d'une natte très-fine. Au milieu de la première salle, s'offre une petite chapelle qui renferme une grande idole à cheveux frisés, environnée d'autres idoles plus petites, & de divers ornemens. On nous introduisit de-là dans deux appartemens particuliers, destinés au Dayri, lorsque sa dévotion l'y amène. Non loin de là s'offre un petit jardin, où l'art a réuni tous les agrémens. Un sable argenté brille dans ses allées ; plusieurs plantes rares, des arbrisseaux de la plus belle forme, entrelacés de pierres curieuses, ornent les compartimens du parterre ; mais rien n'y charme plus les yeux qu'un rang de petites collines, dressées à l'imitation de la nature, & enrichies de l'émail des plus belles fleurs du pays. Un ruisseau les traverse, coule à l'entour, & il est couvert de petits ponts qui servent tout à-la-fois d'ornement & de communication aux différentes parties du jardin. Nous sortîmes par une porte de derrière, qui nous mena à un petit temple plus élevé de trente pas, fur la montagne. Il conferve, écrits en caractères d'or, les noms des anciens empereurs. Une table, entourée de fièges bas, offre des livres de prières, placés fans doute dans cet endroit pour exciter, en faveur des monarques décédés, la piété des dévots.

Deux jeunes Bonzes fort civils, qui nous fervoient de guides, nous firent prendre le chemin d'un autre temple. Sa principale magnificence confifte dans fes quatre toîts recourbés; les colonnes font peintes de rouge & de jaune. Je vis dans des corniches vérniffées plufieurs idoles, dont la principale eft diftinguée par un rideau qu'on tire devant elle, par un miroir qui en est voisin, & par quelques troncs où le peuple jette ses aumônes. A quelque distance nous fûmes introduits dans une chapelle où plusieurs prêtres nous accueillirent avec politesse, & nous présentèrent du thé, des fruits & des gâteaux.

En parcourant la montagne, nous montâmes un escalier qui nous mena à une fameuse fontaine, nommée *Orevantaki*. Elle sort du rocher par trois endroits; & les femmes, qui dans ce pays sont très-décentes, viennent en grand nombre boire de son eau, qui, dit-on, a l'heureuse vertu d'inspirer la modestie & la prudence. Après avoir continué notre marche sur une terrasse artificielle, nous entrâmes dans un temple d'une vaste étendue, d'un éclat éblouissant, & d'une architecture noble & hardie. L'idole qu'on y adore a quarante-six bras ; elle est environnée de seize héros vêtus de noir, plus grands que nature : derrière, sont deux rangs d'idoles dorées, à-peu-près de la même taille ; elles ont chacune vingt bras. Les plus reculées de ces statues ont de longues houlettes ; les autres portent à la main des guirlandes : elles sont suivies de plusieurs autres figures de différentes grandeurs, & dans un ordre qui laisse toujours voir les plus éloignées. On nous dit que leur nombre montoit à trente-trois mille trois cens trente-trois;

ce qui a fait nommer cet édifice, *le temple des trente-trois mille trois cens trente-trois divinités.*

Je ne vous ferai point, madame, la description de tous les temples que nous avons visités, ni des images qu'on y trouve; je me bornerai seulement à vous dire, pour vous donner une juste idée de la fausse dévotion de ce peuple, qu'on ne voit nulle part plus de cabarets ni plus de maisons de débauche que dans le voisinage des lieux saints; que des hommes, mûris par les années, viennent en foule s'y dégrader, & avilir par des infamies outrageantes une religion à laquelle ils ne croient pas sans doute, mais qu'ils enseignent, mais qu'ils défendent, pour s'en faire une puissance respectable, à l'abri de laquelle reposent leurs prérogatives usurpées.

LETTRE XI.

De Iédo, le 23 Avril 1781.

LE premier objet, madame, qui mérita notre attention, après avoir quitté la ville Sainte, ce fut celle d'*Oitz*. Elle n'a qu'une seule rue qui présente, sous la forme d'un arc, mille maisons rangées au bord d'un lac d'eau douce, auquel elle donne son nom. Cette belle nape d'eau couvre un bassin fort étroit, mais prolongé vers le nord, sur un espace de soixante lieues. Près de-là s'élève une haute montagne, où se déployent en amphithéâtre de beaux arbres, dont le sommet est toujours couronné de verdure. On y voyoit anciennement trois mille temples, & par conséquent un nombre prodigieux de monastères. Sa situation, & cette foule d'édifices sacrés qui en faisoient une montagne sainte, appellèrent une grande partie des citoyens de Méaco, lorsque, pendant la fureur des guerres civiles, ils voulurent mettre leurs jours à l'abri de la persécution; mais un empereur, qui joignoit à beaucoup de haine pour les prêtres, le ressentiment de quelques insultes qu'il avoit reçues des montagnards, détruisit les pagodes, & massacra tous les moines.

Nous

Nous vîmes, à quelques lieues de Méaco, le fameux village de *Minoki*. Il doit toute sa célébrité aux effets singuliers d'une poudre inventée par un de ses anciens habitans. Cet homme, en proie à l'indigence, épioit depuis long tems les secrets de la nature. Tous les jours il gravissoit les rochers les plus sauvages pour y cueillir des simples. Il découvrit, dit on, quelques plantes, dont la vertu avoit été ignorée jusqu'à lui. Il sut les mêler avec beaucoup d'art, & en composer un remède, qu'il prétendit infaillible contre une maladie fort commune dans son pays. C'étoit trop peu encore. Voulant donner à son antidote une origine respectable, il publia qu'un dieu lui étoit apparu en songe, & lui avoit indiqué la composition de son préservatif. Par-tout l'homme est crédule ; par-tout l'homme est dupe du merveilleux. Chacun voulut avoir de la poudre divine. L'imposteur amassa de riches trésors, & bientôt sa cabane fut transformée en palais. Ces mêmes richesses servirent encore à élever un temple à la divinité dont il avoit emprunté le nom. Une pareille reconnoissance fait l'éloge de sa politique ; ce n'est point celle de nos célèbres charlatans, & ils ont raison : s'ils nous connoissent aussi crédules, ils nous savent moins superstitieux.

Non loin de ce village, nous

perdîmes de vue le lac d'*Oitz* : bientôt après nous rencontrâmes une femme élégamment parée. Le visage couvert de rouge, elle conduisoit un vieillard aveugle, & demandoit effrontément l'aumône. A sa suite venoient les jolies mendiantes, dont je vous ai déjà parlé. Elles nous conduisirent jusqu'aux portes de *Jokaitz*, qui est une assez grande ville, où nous fûmes bien traités, parce que les habitans ne vivent que des services qu'ils rendent aux étrangers. On en sortit, après le dîné, pour se rendre à *Oruano*, située dans la province d'*Owari*, dont elle est la principale ville. Son château est bâti dans l'eau : il doit son origine à un tyran, ou plutôt à un monstre, qu'on m'a fait connoître en me racontant l'histoire suivante.

L'empereur *Gengoin*, avili dès sa jeunesse par une passion exécrable, avoit pris toutes les femmes en horreur. La nécessité de donner un héritier à la couronne, décida le Dairi à choisir les deux plus belles princesses de sa cour, & à les envoyer au Cubo, en le priant d'épouser celle qui lui plairoit davantage. Le barbare Cubo acquiesça à la demande du pontife, se maria sans desirs, & traita son épouse avec une indifférence plus offensante & plus cruelle que la haine. Cette victime malheureuse étouffa ses douleurs ; la mélancolie la plus sombre altéra sa santé, & tout fit craindre pour ses jours. Ce fut alors que sa nourrice, touchée de compassion, voulut plaider la cause de l'infortunée. Le monarque, indigné qu'on osât lui rappeller ses devoirs, fit venir son architecte, lui commanda de bâtir une forteresse environnée d'eau, & y enferma l'imperatrice, sa nourrice, & toutes ses femmes.

D'Oruano, jusqu'à *Togitz*, les curieux admirent la grande rivière d'*Osingava*, la montagne de *Fudsi*, & le lac de *Fakone*. L'Osingava, que l'on ne passe qu'à cheval, est si rapide dans son cours, qu'il est impossible de le traverser sans le secours de quelques hommes, dont l'unique métier est de servir de guide : leur salaire est fixé, & si quelque voyageur périt entre leurs mains, cette mal-adresse est jugée comme un crime, & les loix la punissent de mort. Quoique l'eau fût assez basse au moment de notre passage, on nomma cinq hommes pour accompagner chacun de nous. Dans des tems plus difficiles, on en donne quinze à chaque cavalier.

La montagne de Fudsi est une des plus belles du globe terrestre. Assise sur une large base, elle s'élève majestueusement, & va bien loin de la terre se terminer en pointe. Il faut trois jours pour la monter ; mais on peut la descendre en moins de trois heures, à l'aide d'un traîneau de paille, avec lequel on glisse sur la glace en hiver, & sur le sable dans la belle saison. Ses flancs sont couverts de neige durant une grande partie de l'année; & son sommet en est toujours blanchi, quelqu'excessive que puisse être l'ardeur de l'été. On voit près de sa cime un trou profond qui vomissoit anciennement des flammes. Ce n'est donc plus aujourd'hui qu'un volcan éteint. Comme l'air est rarement calme dans les parties supérieures, la crédulité en a fait la demeure du dieu des vents. Le peuple s'y rend en foule pour adorer son Eole, & lui présenter des offrandes par les mains des *Jammabos*, espèce de moines consacrés au culte de cette divinité. La montagne de Fudſi eſt encore le Permeſſe des poëtes de la nation.

En arrivant à Fakone, je fus effrayé des hurlemens épouvantables que pouſſoient pluſieurs prêtres. Quelques Japonois de notre cortège ſe détachèrent de nous, & entrèrent dans les chapelles où ces moines faiſoient leur déteſtable tintamare, pour leur donner des pièces d'argent, & recevoir en échange un morçeau de papier, qu'ils s'empreſsèrent de jetter au fond de l'eau, après l'avoir attaché à une énorme pierre. Je voulus ſavoir quel motif autoriſoit un uſage auſſi ſingulier. J'appris que le lac, qui baigne les murs de cette ville, eſt regardé comme le purgatoire des enfans, morts avant l'âge de sept ans; qu'ils y sont tourmentés jusqu'à ce qu'ils soient rachetés par les libéralités des voyageurs; que ces malheureux éprouvent quelque soulagement, lorsque les noms inscrits sur la carte commencent à s'effacer; & que l'heure où les caractères disparoissent entièrement, est celle qui arrache entièrement ces innocentes victimes à la douleur.

On nous montra dans une de ces chapelles diverses curiosités, telles que les sabres des anciens héros; deux belles branches de corail; deux pierres trouvées, l'une dans le corps d'une vache, l'autre dans celui d'un cerf; le peigne de *Jo-*

ritomo, premier monarque féculier, dont il porte les armoiries; la cloche de *Kobidaïs*, fondateur d'une secte célèbre, & une lettre écrite de la main d'un dieu. Vous voyez, madame, qu'il y a par-tout des tréfors ridicules, & que chaque peuple a ses chimères.

Assez près du lac de Fakone, nous apperçûmes la ville d'*Odovara*. Elle est bien fortifiée. On y prépare le *catechu* : c'est un suc épaissi que les Hollandois & les Chinois y apportent, & que les Japonois parfument d'ambre, de camphre & d'autres ingrédiens. Les femmes en font un grand usage, persuadées qu'il affermit les gencives, qu'il rend l'haleine fraîche, & lui donne une odeur auſſi douce qu'a-gréable.

Il ſeroit inutile de vous dépeindre tous les lieux que nous avons traverſés ; il ſuffit de vous dire en général que la plupart des bourgs ne ſont formés que d'un double rang de maiſons, leſquelles ſe ſuivent de ſi près, que d'un village à l'autre il n'y a preſque point d'intervalle. Celles des ſimples payſans ne ſont compoſées que de quatre murailles baſſes, couvertes d'un toît de chaume. On voit juſques dans les moindres endroits un nombre infini de boutiques ; & je ne puis concevoir comment un pays, dont le ſol eſt peu fertile, peut être auſſi riche de ſa propre fécondité.

Les châteaux des princes, situés sur les bords des grandes rivières, ou sur quelqu'éminence, occupent un grand terrein, & sont fortifiés de fossés & de murailles. Le centre, qui sert de logement au maître, est relevé par une tour basse & quarrée à trois étages, dont le toît se termine en couronne ou en guirlande. Les gentilshommes, les intendans & les officiers occupent une enceinte particulière. Ces édifices sont embellis par des peintures que les Japonois admirent, & par des bas reliefs qui représentent les exploits des héros de la nation. Le dehors du château offre une belle place où l'on fait la revue des troupes que les seigneurs tiennen nent à leur folde. Mais le jardin est, fans contredit, ce qu'on trouve de plus curieux dans ces brillans palais : il est ordinairement quarré; une partie est pavée de pierres rondes de d verfes couleurs ; l'autre est couverte d'un joli gravier que l'on prend foin de nettoyer fans ceffe. Il règne dans ces jardins une apparence de défordre que l'art a imaginé, & qui pourtant cache l'art. Tantôt des fleurs magnifiques forment un agréable mélange ; tantôt un petit rocher orné de figures d'airain, offre une cafcade continuelle. On voit auprès un petit bois délicieux, où l'on trouve avec furprife une jolie pièce d'eau remplie de poiffons ; une mouffe légère en

environne toujours les bords, &
la fraîcheur de l'eau entretient &
rajeunit la fraîcheur de la verdure.

Lorsqu'un château tombe en ruines, le propriétaire ne peut le réparer fans une permiſſion expreſſe de l'empereur, qui l'accorde difficilement. Ce deſpote voit au contraire avec plaiſir s'écrouler tous ces édifices, dont les fortifications le menacent comme autant de boulevards où la rébellion pourroit trouver un aſile.

Nous arrivâmes à Iédo par un de ſes fauxbourgs, appellé *Sinagava*. Le ſpectacle le plus affreux ſe préſenta d'abord à nos regards: c'étoit la place des exécutions. On y distinguoit une multitude de têtes humaines, séparées des cadavres qui gisoient auprès, & que des chiens & des corbeaux se disputoient. C'est là que mon imagination effrayée me figura le despotisme : je crus le voir en personne assis sur ces monceaux de lambeaux sanglans & déchirés.

Sinagava est composé d'une rue longue & irrégulière bornée à droite par la mer, & à gauche par une colline sur laquelle on découvre de beaux temples. Nous la suivîmes l'espace de trois quarts de lieue, & nous nous reposâmes dans une hôtellerie, où la vue de la ville & de son havre, toujours rempli d'une infinité de navires de toute grandeur, fournit une des plus belles scènes du monde. On continua ensuite la route, & après une heure de marche, nous entrâmes dans la ville, & bientôt s'offrit à nous le superbe pont où commence la mesure de tous les chemins de l'empire. Notre admiration fut sur-tout excitée par la foule incroyable du peuple, par le train des princes & des grands qu'on ne cesse de rencontrer, & par la riche parure des dames qui passent continuellement portées dans des chaises & sur des palanquins. Notre œil ne pouvoit se lasser de considérer la variété des boutiques qui bordent les rues, & l'étalage des échantillons & des modèles. La foule dans les provinces nous regardoit, nous fuivoit avec empreſſement; ici perſonne ne ſe montra curieux de nous voir paſſer. Notre train n'avoit pas aſſez d'éclat pour attirer les yeux d'une capitale auſſi peuplée, ſéjour d'un grand ſouverain, & accoutumée à voir chaque jour des cortèges magnifiques.

Nous fîmes donner avis de notre arrivée au miniſtre des affaires étrangères. Sa réponſe fut un ordre rigoureux. Il nous étoit défendu de ſortir de notre hôtel, d'avoir d'autre ſociété que nous-mêmes, & ſur-tout de jetter par les fenêtres aucun papier écrit en caractères européens. Notre priſon dura quinze jours. Dès qu'on nous eut rendus à notre liberté, je profitai de cette grace pour visiter la capitale.

Cette ville est la plus grande & la plus peuplée du royaume; mais je ne crois pas, comme le disent les Japonois, qu'elle puisse renfermer deux millions d'habitans. On lui donne sept lieues de long, cinq de large, & vingt de circonférence. Elle est située dans une grande plaine, au fond d'une baie très-poissonneuse; elle a la mer à droite, & de ce côté sa forme est celle d'un croissant. Les provinces d'*Ava* & de *Kudsu* environnent sa gauche : elle n'est point défendue par des murailles; mais de vastes fossés & de hauts boulevards plantés d'arbres, opposeroient, en cas d'attaque, une forte résistance. Une rivière la traverse & prolonge l'un de ses bras jusques dans le port, tandis qu'un autre, après avoir entouré les piés du château, va se perdre dans le golfe par cinq embouchures.

Iédo n'est pas bâti avec la régularité des autres villes, parce qu'il n'est arrivé que par degrés à la grandeur qu'on admire aujourd'hui. On y trouve cependant des rues si bien proportionnées, qu'elles se coupent à angles droits. Il est redevable de cet embellissement aux incendies qui réduisent souvent en cendre un grand nombre de maisons,

Le palais du monarque, d'une figure irrégulière, est situé au milieu de la ville, entre deux châteaux extérieurs ; le premier occupe un grand espace, traversé d'une infinité de rues & de canaux. C'est dans cette enceinte que demeurent les princes de l'empire, avec leur famille : le second est moins spacieux, mais il est séparé des deux autres par des murs, des pont levis & de grosses portes. On y voit les superbes logemens des principaux officiers de la couronne. Le palais impérial est entouré d'une épaisse muraille, flanquée de bastions qui ressemblent beaucoup aux nôtres. Un rempart de terre s'élève du côté intérieur, & soutient une longue file de bâtimens. Rien n'approche de la solidité de l'édifice que le roi habite ; ce sont des pierres de taille d'énorme grandeur, posées l'une sur l'autre, sans mortier & sans crampons de fer, afin que dans les tremblemens de terre, qui sont très-fréquens au Japon, les pierres puissent se prêter à la violence de la secousse, & ne recevoir aucun dommage. Une multitude de toîts recourbés, avec des dragons dorés aux angles & au sommet, couvre tous ces bâtimens, & leur donne un air de magnificence qui étonne. Chaque appartement a son nom. Dans celui qu'on appelle la salle des mille nattes, l'empereur reçoit l'hommage des seigneurs de sa cour, & les ambassades des puissances étrangères. Les plafonds, les solives & les colonnes sont de bois de cèdre, de camphre ou de jesseri, dont les veines forment des fleurs & des figures curieuses : la plupart des bas-reliefs sont des oiseaux délicatement dessinés ; le plancher est couvert de nattes blanches, bordées de franges d'or.

On garde les archives & le trésor impérial dans un bâtiment dont les toîts sont de cuivre & les portes de fer, pour le garantir du feu. La crainte du tonnerre a fait imaginer un appartement souterrein, qui a pour voûte un réservoir d'eau. C'est-là que le souverain se retire, lorsqu'il entend gronder la foudre, parce que les Japonois sont persuadés que l'eau est une barrière impénétrable au feu du ciel.

Le jour fixé pour notre audience, nous envoyâmes les présens, qui furent rangés sur une table dans la salle des mille nattes, où le prince en fit la revue. Nous nous rendîmes ensuite, selon l'ordre que nous avions reçu, dans la salle des gardes. Elle étoit garnie d'armes dorées, de fusils vernissés, de boucliers, d'arcs, de flèches & de carquois, placés avec beaucoup d'ordre & de goût. Les soldats se tenoient assis à terre, les jambes croisées, tous vêtus de soie noire,

& chacun avoit deux fabres à fon ceinturon. Nous y attendîmes l'espace d'une heure. Enfin le monarque prit féance. Alors trois officiers conduifirent notre ambaffadeur devant fa majefté. Auffi-tôt qu'il fut entré, ils crièrent à haute voix, *hollanda capitaine.* A ces mots, il fe profterna, fe traîna fur les mains entre le trône & la table où l'on avoit mis les préfens ; là, s'étant mis à genoux, il courba fa tête jufques fur le parquet ; & fans prononcer une feule parole, il fe retira à reculons pour ne point tourner le dos à l'empereur.

Après la cérémonie de l'hommage, le monarque rentra dans fon appartement, & nous fûmes appellés avec l'ambaſſadeur. On nous fit traverſer pluſieurs ſalles, pour nous conduire dans une galerie magnifique, où nous reſtâmes quelques heures : de-là on nous introduiſit dans un endroit un peu obſcur ; l'empereur & l'impératrice étoient aſſis à notre droite ; derrière des jalouſies, près d'eux, paroiſſoit le miniſtre, élevé ſur une natte brillante ; à gauche on voyoit les princes & tous les grands de l'empire ; vis-à vis de nous étoient les princeſſes du ſang & les dames de la cour ; un autre emplacement étoit occupé par les enfans des ſeigneurs, par les pages du ſouverain, & par quelques prêtres qui ſe cachèrent pour nous obſerver. Telle étoit la disposition du théâtre où nous devions jouer la comédie.

Notre interprète se plaça un peu au-dessus de nous pour entendre plus facilement les demandes & les réponses. Aussi-tôt le ministre lui dit de la part du roi, que ce monarque nous voyoit avec plaisir; l'ambassadeur répondit à ce compliment, ainsi qu'à quelques autres, dont le souverain daigna nous honorer. Après les premières civilités, nous devînmes les acteurs de la farce la plus humiliante & la plus ridicule. On voulut savoir notre âge & notre nom. On demanda au capitaine, « quelle est la dis-
» tance de Hollande à Batavia, &
» de Batavia au Japon? lequel

» jouit de plus de pouvoir du di-
» recteur général de la compagnie
» hollandoife, ou du prince de
» Hollande ». On nous ordonna
fucceffivement de danfer, de chanter, de nous complimenter les uns les autres, de faire les ivrognes, d'écorcher la langue du pays, de lire du hollandois, de peindre, de jouer avec des enfans, de les porter fur nos bras, de mettre & d'ôter nos chapeaux & nos perruques. Ce fut de cette manière, & par quantité d'autres fingeries, que nous eûmes l'honneur de divertir fa majefté japonoife & toute fa cour.

Après qu'on nous eut bien fatigués l'efpace de trois heures, on nous fervit à dîner ; chacun avoit devant foi fa petite table couverte de mets à la japonoife, avec de petits bâtons d'ivoire, pour tenir lieu de fourchettes. Lorfque nous eûmes pris ce repas, que je trouvai peu digne de la magnificence d'un puiffant monarque, nous retournâmes à notre hôtel, fort peu fatifaits de la bonne chère impériale.

Le lendemain commencèrent nos vifites chez les grands, où nous fûmes de nouveau obligés de remplir le perfonnage de comédien, dont nous avions fait l'apprentiffage devant l'empereur. Ce manège défagréable a duré plufieurs jours, pendant lefquels nous fervions d'abord de jouet aux femmes & aux enfans dans les antichambres. L'ambaffadeur feul, par une forte d'égards qu'on voulut bien avoir pour fa dignité, fut difpenfé de ces farces indécentes; d'ailleurs il montroit affez de gravité dans fon air pour laiffer foupçonner que ce jeu, ces pantomimes, étoient faits pour lui déplaire.

On nous apporta hier matin les préfens de l'empereur. Ils confiftoient en trente robes fuperbes que nous reçûmes avec toutes les formalités du cérémonial établi. L'ambaffadeur fe profterna quatre fois pour marquer plus de refpect : il mit le bout d'une de ces robes fur fa tête. Aujourd'hui plufieurs princes nous ont auffi envoyé leurs préfens; des valets les portoient dans des caiffes,

avec les planches sur lesquelles ils devoient être étalés. Celui qui étoit à la tête de la commission fut introduit dans l'appartement de M. le directeur ; & s'asseyant à quelque distance vis-à-vis de lui : « le sei-
» gneur mon maître, lui a-t-il dit,
» vous félicite d'avoir eu votre au-
» dience & un beau tems, ce qui
» est fort heureux : vos dons lui
» ayant été agréables, il souhaite
» que vous receviez les siens avec
» le même plaisir ».

En finissant, il a donné à l'interprète une feuille de papier qui contenoit en gros caractères le nom des robes & leur couleur. Les spectateurs gardoient le silence, les uns assis, les autres à genoux. Le di-

recteur, qui avoit fa leçon faite, répéta fon compliment en ces termes, accompagnés d'une profonde inclination : « Je remercie très-hum-
» blement le feigneur votre maître
» de fes foins pour nous procurer
» une audience prompte & favo-
» rable ; je le fupplie de continuer
» fes bons offices aux Hollandois;
» je lui rends grace auffi de fon
» précieux préfent, & je ne man-
» querai pas d'en inftruire mes maî-
» tres de Batavia ».

LETTRE XI.

D'Iédo, le 30 Avril 1781.

Voulez-vous, madame, connoître le Japonois dans fa phyfionomie, fes habits, fon caractère, fon éducation & fa fcience ? je puis vous fatisfaire ; mais en vous épargnant toujours l'ennui des détails.

Et d'abord ne vous attendez pas à trouver dans les traits du fexe, à qui la nature a donné la force en partage, cet heureux enfemble qui fit naître dans la Grèce la penfée du beau idéal, & que nous admirons dans les chef-d'œuvres dont le tems nous a conſervé les reſtes.

Ici le génie d'Appelle n'eût produit rien de grand ; ici le Jupiter de Praxitèle n'eût paru qu'un être gigantesque ; ici enfin la crainte du ridicule nous eût privés de ces beautés mâles & fières, dont quelques Européens privilégiés nous offrent encore la vivante image.

Les Japonois ont le teint olivâtre, les yeux petits, les sourcils épais, le nez court, un peu écrâsé & relevé en pointe, les joues plates, très peu de barbe qu'ils se rasent ou s'arrachent, les traits grossiers, les jambes grosses, & la taille au-dessous de la médiocre. Cette description ne convient pas cependant à toutes les provinces ; l'air & la figure des grands seigneurs n'ont rien de choquant; on ne peut même refuser quelque beauté aux femmes; mais pour en parler avec plus d'assurance, je crois qu'il faudroit les voir le matin avant qu'une couche épaisse de rouge ait déguisé la vérité.

Les habillemens des grands & des nobles sont des robes à queues traînantes & à longues manches, toujours formées de ces belles étoffes de soie à fleurs d'or & d'argent, qu'on travaille dans l'isle de *Faifi-fio* & dans celle de *Kamakura*. Ils portent au cou une espèce de cravatte, & autour des reins une ceinture, où sont attachés leurs poignards & leurs sabres, dont la poignée est très-souvent enrichie de perles & de diamans. Les habits des bourgeois & des artisans ne descendent qu'à la moitié des jambes; les manches ne passent pas le coude ; le reste du bras est nu, mais ils portent tous, & en tout tems, comme les nobles, des armes d'une propreté recherchée ; leurs cheveux sont rasés derrière la tête, au lieu que les seigneurs se font raser le haut du front.

Les femmes ont encore plus de magnificence dans leurs vêtemens que les hommes. Elles sont toutes coëffées en cheveux, mais différemment, selon leur condition. Sur quantité de longues vestes, elles ont une robe flottante qui traîne de quatre piés, & une large ceinture ornée de fleurs & de figures. C'eſt par le nombre de ces veſtes que l'on juge de la qualité d'une femme. On aſſure qu'elles montent quelquefois juſqu'à cent, & qu'elles ſont d'une étoffe ſi déliée, qu'on peut en mettre pluſieurs dans la poche. Les dames de la première qualité ne paroiſſent jamais dans les rues ſans un cortège nombreux de filles bien parées, & de femmes-de-chambre. L'uſage oblige les femmes à ne recevoir aucune viſite ſans avoir un voile ſur la tête, encore ces viſites ne leur ſont permiſes qu'une ſeule fois l'année. Les jeunes gens changent d'habillement à meſure qu'ils avancent en âge; ils ſont tous légèrement cou-

verts,

verts, & ne portent rien sur la tête : on les habitue au froid dès leur enfance ; & pour en faire des hommes, on les accoutume à souffrir.

Je passe au caractère, dont l'honneur est le grand mobile chez tous les Japonois : de-là naissent la plupart de leurs vertus & de leurs défauts ; ils sont droits, sincères, bons amis, bienfaisans, généreux, & d'un courage qui étonne ; ils regardent le commerce comme une profession vile ; aussi n'y a-t-il point de peuple policé plus pauvre que celui-ci, mais de cette pauvreté que la vertu rend respectable, & qui éleva les premiers Romains au-dessus des autres hommes. Toutes les richesses de l'Etat sont entre les mains des grands qui savent s'en faire honneur. On ne connoît point ici cette classe bizarre de citoyens, qui, joignant la bassesse de la naissance au génie de la cupidité, ne se distinguent du peuple, dont ils sortent, que par un faste insolent, le fruit d'une opulence injuste & mal acquise.

Les Japonois aiment leur patrie, chérissent leurs princes, respectent leurs magistrats, sont attachés à leur culte; &, ce qui pourroit servir d'exemple à des peuples plus éclairés, jamais ils n'ont fait servir leur religion à leurs intérêts; jamais on ne les entend blasphémer leurs dieux; ils souffrent, & ne savent point se plaindre; un père condamne son fils à la mort, & ne change point de visage.

Malgré une vie aussi dure, l'incontinence est extrême chez ces insulaires : on ne peut mettre aucun frein à la débauche; une licence effrenée règne dans toutes les conditions; d'un autre côté, ils aiment la vérité, comme s'ils étoient sans passions : chez eux le mensonge le plus léger est puni de mort. Les seigneurs ont si bien senti la vérité de notre maxime : *il n'y a point de grand homme pour son valet-de chambre*, qu'ils ont toujours auprès d'eux un domestique de confiance, dont l'unique emploi est de les avertir de leurs fautes. Cette nation est vertueuse par sentiment. Je regarde comme un phénomène qu'elle ait pu conserver tant de qualités sous la hache d'un despote ; elle est peut-être la seule qui n'ait été ni avilie ni dégradée par la tyrannie. Placez-la dans l'Europe, donnez-lui des loix & un gouvernement, & vous la verrez la première de l'univers ; je crois qu'on pourroit, à juste titre, la nommer l'Anglois de l'Orient.

Les seigneurs, les pères & les maris ont droit de vie & de mort sur leurs vassaux, leurs femmes & leurs enfans. Il n'en est pas ainsi pour les simples domestiques. L'homme de la plus basse extraction se tiendra offensé d'une parole peu mesurée que lui aura dite un grand de la cour : il s'arme d'un poignard, l'en frappe, & s'en frappe ensuite lui-même. Les femmes ont ici un courage & une audace héroïques.

Une servante se croyant déshonorée pour avoir donné quelque sujet de rire à ses dépens, se prend le sein, le porte à la bouche, se l'arrache avec les dents, & meurt.

Un gentilhomme avoit une femme d'une rare beauté; l'empereur en fut instruit, & le fit tuer. Quelques jours après il se fait amener la veuve, & veut l'obliger de demeurer au palais; elle parut sensible à cet honneur, & pourtant demanda trente jours pour pleurer son mari, & la permission de fêter ses parens : le monarque y consentit ; il voulut même être du festin. En sortant de table, la dame s'approche d'un balcon, feint de s'y appuyer, & se précipite du haut de la tour où la fête se célébroit.

La tendresse filiale n'est pas moins sacrée au Japon que l'amitié conjugale. Quoi de plus admirable, madame, que cette anecdote que l'on m'a racontée, & qui devroit être gravée, je ne dis pas dans tous les livres, mais dans le cœur de tous les hommes ?

Une femme, restée veuve avec trois garçons, n'avoit que le fruit de leur travail pour subsister avec eux ; mais ce travail ne suffisant point à tous les besoins de la famille, les enfans avisèrent au moyen de mettre leur mère à son aise. On avoit publié depuis peu que quiconque livreroit un voleur à la justice recevroit une somme assez considérable ; ils convinrent entr'eux qu'un des trois passeroit pour le criminel, & que les deux autres le meneroient au juge ; ils tirèrent au sort, qui tomba sur le plus jeune ; ses frères le lient & le conduisent, comme un coupable ; le magistrat l'interroge, il répond qu'il a volé ; on le jette en prison, & ceux qui l'ont livré touchent la somme promise Leur cœur s'attendrissant alors sur le danger d'une aussi chère victime, ils trouvent le moyen d'entrer dans la prison, & ne se croyant vus de personne, ils s'abandonnent à toute leur tendresse. Un officier que le hasard rendit témoin de leurs embrassemens & de leurs larmes, fut extrêmement surpris de ce spectacle ; il fait suivre les deux délateurs, avec ordre d'éclaircir un fait si singulier ; on lui rapporte que les deux jeunes-gens étoient entrés dans une maison, & qu'on leur avoit entendu faire le récit de leur aventure à une femme qui étoit leur mère ; qu'à cette nouvelle, la malheureuse avoit jetté des cris lamentables, & ordonné à ses enfans de reporter la somme qu'ils avoient reçue, en assurant qu'elle aimoit mieux mourir que de prolonger ses jours aux dépens de ceux

LE JAPON. 249

de son fils. Le juge informé conçoit autant de pitié que d'admiration ; il fait venir le prisonnier, l'interroge de nouveau, & le trouvant ferme à se reconnoître coupable, il lui déclare qu'il est instruit de tout, l'embrasse tendrement, & va faire son rapport au Cubo. L'empereur, charmé d'une action si héroïque, voulut voir les trois frères, les combla de caresses, assigna au plus jeune quinze cens écus de rente, & cinq cens à chacun des deux autres.

Les préjugés de l'honneur ne portent pas ce peuple à des actions moins extraordinaires. Deux officiers, dont l'un descendoit & l'autre montoit l'escalier du palais impérial, se touchèrent par hasard du pommeau de leurs épées ; le premier s'offense de ce hasard, le second s'en excuse, en ajoutant néanmoins d'un ton ferme : *ce n'est pas un si grand malheur, & une épée vaut bien l'autre.* Non, reprend celui-là, *& en voici la différence.* Il tire son poignard, & s'en ouvre le ventre. Celui ci, sans dire mot, va tranquillement servir sur la table de l'empereur un plat qu'il tenoit à la main, revient aussi-tôt, & s'adressant à son adversaire qu'il trouve mourant : *je vous aurois prévenu,* dit-il, *si mon devoir ne m'eût appelé auprès du prince ; mon épée ne le cède en rien à la vôtre.* Il la tire, & s'en ouvre le ventre à son tour.

Après avoir étudié les mœurs de ces infulaires, j'ai voulu, madame, approfondir ce qui pouvoit produire en eux cette fierté fublime qui les caractérife, & fait de ce peuple un peuple de héros. J'ai cru trouver la feule caufe de fa grandeur dans l'éducation que reçoit ici la jeuneffe. Les enfans paffent leurs premières années dans des académies; on leur y fait apprendre des poëmes où font célébrées les vertus de leurs ancêtres, & qui infpirent le mépris de la vie & le courage du fuicide. Ces chants, qui font pleins d'énergie, enfantent l'enthoufiafme, élèvent l'ame, & la portent à l'héroïfme. Ces élèves aiment mieux fouffrir que de ne rien sentir. Lorsqu'ils reviennent à la maison paternelle, on les forme aux exercices de leur âge : quelque tems après, on leur donne des armes. Le jour où ils les reçoivent est une fête magnifique.

Les femmes à leur tour sont élevées avec tant de soin, qu'il n'est pas rare d'en voir de très-savantes. On commence par leur former le cœur; on les habitue de bonne heure à bien lire & à parler correctement; on leur enseigne ensuite les principes de leur religion. A cette étude succède enfin celle de la logique, de l'éloquence, de la morale, de la poësie, & sur-tout de la peinture.

La langue japonoise est nette, articulée,

articulée, distincte & riche. Des caractères informes & grossiers composent l'écriture vulgaire. Celle des savans est formée de caractères hiéroglyphiques. Chaque idée est attachée à une figure particulière, ce qui multiplie les signes à l'infini.

Les Japonois sont doués d'une imagination féconde, & de ce coup-d'œil observateur qui pénètre le cœur humain. Ils sont éloquens, pathétiques, possédant à un degré étonnant l'art de remuer les passions, doués d'un rare talent pour la composition; aussi font-ils des ouvrages dramatiques : leurs pièces sont distribuées, comme les nôtres, en actes & en scènes; le sujet en est toujours pris dans l'histoire nationale. Outre ces tragédies, ils ont des drames, où ils reproduisent les aventures amoureuses, le ridicule des caractères, & tout ce qui appartient à la comédie. Les prêtres assistent aux spectacles ; ils pensent sagement que la représentation d'un ouvrage fait pour agrandir l'homme, & le rendre meilleur, ne peut déplaire à la divinité. Les comédiens fixés dans les grandes villes, ne sont pas excommuniés, sans doute parce que leurs mœurs sont irréprochables ; mais ceux qui courent en troupe de province en province vivent sous l'anathême de la religion, & sur-tout de l'opinion publique, qui par-tout doit punir le désordre & l'infamie des mœurs.

Ce peuple est peu versé dans les mathématiques, dans la physique & dans l'astronomie; mais l'histoire est en honneur dans la cour du Daïri; les annales de l'empire y sont écrites par les princes & princesses du sang impérial; on en tire des copies qui ne s'impriment qu'après un certain tems, & qu'on garde soigneusement dans le palais.

On ne connoît point la chirurgie au Japon, ou plutôt elle se trouve comprise sous le nom général de médecine. Ceux qui l'exercent prétendent connoître entièrement tous les secrets de leur art; ils excellent dans la science du pouls, à l'aide duquel ils saisissent tous les symptômes & toutes les causes du mal.

Ici la peinture est encore dans son enfance : les portraits & les tableaux d'histoire sont sans dessin, sans correction & sans vie; la nature morte est la seule que j'aie retrouvée avec quelque plaisir sur la toile.

La musique n'est pas moins informe. Vocale ou instrumentale, elle ignore l'art heureux d'enchaîner le cœur en captivant l'oreille. Croyez, madame, que la fable d'Orphée ne seroit qu'une fable dans ce climat! Je voudrois vous parler encore de la littérature japonoise; elle est très-féconde en ouvrages favans ; feulement on ne s'eft point encore avifé d'en publier fur la jurifprudence ; fongez que la légiflation eft toute entière dans le fabre du tyran.

LETTRE XII.

D'Iédo, le 12 Avril 1781.

Vous avez sans doute, madame, distingué plusieurs fois trois grandes époques pour l'homme; je veux dire le commencement, le milieu & la fin de sa vie. Il naît, il se marie, & il meurt. Ces trois manières d'exister ont été remarquées également par les sociétés sauvages & policées; puisque chez la plupart d'entr'elles l'homme devient alors l'objet de quelque fête, de quelque cérémonie, à laquelle la religion a su toujours s'intéresser : je la vois du moins dans le pays que j'habite s'emparer du mariage & des funérailles, & s'en faire une source de richesses pour ses ministres.

Comme nous jouissons ici d'une liberté, qui ne nous étoit pas connue à Nangasaki, je pus être témoin hier des nôces d'un riche Japonois, dont le voisinage m'a valu l'amitié. Je ne vous ennuyerai point de tous les détails minucieux de cette fête ; il vous suffira de savoir que la fiancée avoit à peine treize ans (cet âge est assez communément l'époque du mariage des Japonoises; car elles sont nubiles de très-bonne heure, & souvent même leurs parens les ont engagées dès le berceau); que le lieu de la cérémonie fut une colline hors de la ville; que les deux futurs y arrivèrent après nous, chacun de son côté, au bruit de tous les instrumens connus ici ; que sur cette colline je trouvai une tente dressée, au milieu de laquelle s'elevoit un autel, où l'on voyoit une idole monstrueuse à tête de chien, pour représenter la fidélité du dieu d'hyménée ; que devant cet autel étoit un prêtre ; que les deux acteurs principaux de la fête s'en approchèrent, tenant chacun à la main, comme dans l'ancienne Grèce, une torche nuptiale ; que la femme alluma son flambeau à une lampe, & l'homme le sien à celui de la femme ; que durant ce tems, le prêtre murmura sur eux quelques prières; & qu'enfin, au milieu de mille cris de joie poussés par les assistans, il leur donna sa bénédiction.

Nous reprîmes le chemin de la ville. Au bas de la colline, je vis des personnes, dont les unes brûloient les joujoux qui avoient servi d'amusement à la jeune femme dans son enfance ; tandis que les autres agitoient de mille manières une quenouille & un rouet, symboles des travaux domestiques d'une mère de famille.

La mariée fut enfin amenée au logis de son époux; & de jeunes garçons s'empressèrent, les uns d'arborer des drapeaux sur le faîte de la maison; les autres, parés de guirlandes, de semer de fleurs tous les appartemens. Cette fête, m'a-t-on dit, durera huit jours entiers.

Tous ces différens emblêmes, qui sont autant de leçons de morale, dont je pénétrai sans peine le sens, ainsi que la joie noble & décente qui régnoit sur tous les visages, donnèrent à mon ame des émotions presque religieuses. Je désirai surtout que dans notre Europe on prît un jour le parti de marier, comme on fait au Japon, les filles sans dot, & que même le gendre, au lieu de dépouiller le beau-père d'une partie de sa fortune, lui donnât, comme ici, une somme quelconque, en récompense des peines &

des foins, qui ont formé pour le mariage une compagne aimable & vertueuse.

Je vais passer, madame, à la cérémonie des funérailles. Que ce mot ne vous attriste point : les obsèques n'ont rien ici de lugubre; elles ressemblent bien mieux à une fête de joie, les Japonois regardant la mort comme un passage à une vie heureuse.

Dans tout l'empire, excepté à Méaco, la cérémonie des funérailles est plus uniforme qu'on ne devroit l'attendre de la variété des opinions & de la multitude des sectes. Par-tout les parens & les amis du défunt se défendent la tristesse & les pleurs; ils se parent de leurs habits les plus frais ; ils poussent des cris de joie, & se félicitent mutuellement du repos qu'il a obtenu. Les ministres des temples viennent ensuite enlever le corps, & le portent, en chantant des paroles qui n'ont rien de funèbre, dans l'intérieur de leur cloître, où ils l'enterrent, sans autre rétribution que ce qui leur est offert à titre d'aumône, mais enrichis auparavant, pendant la maladie du défunt, d'une partie de ses biens qu'ils ont eu soin de se faire donner.

Telle est la modestie & la simplicité des obsèques dans toutes les isles du Japon : ce n'est qu'à Méaco, dans la ville sainte, où l'autorité l'autorité du Daïri a sans doute conservé les anciens usages, que cette cérémonie est accompagnée d'un appareil imposant, sur-tout si le défunt est un homme de qualité.

Comme j'écris une lettre, & non un procès-verbal, je choisirai dans les détails de ces funérailles ceux qui fixèrent le plus mon attention lors de notre séjour à Méaco.

Une heure avant que le corps soit enlevé, les amis du mort, vêtus magnifiquement, se rendent au lieu de la sépulture, comme pour en prendre possession : idée sublime & touchante, où sont exprimés les devoirs sacrés de l'amitié. A l'heure marquée, le défunt est enlevé par quatre porteurs sur une espèce de palanquin, appellé *norimon*, extrêmement orné; en avant marchent les parentes & amies du mort, couvertes d'un voile brillant de diverses couleurs; les principales personnes de la ville, parées comme en un jour de nôces; une foule de Bonzes de la secte du mort, & sur-tout quelques officiers, qui, au bout d'une longue pique, portent un grand panier plein de feuilles ou de fleurs artificielles, qu'ils secouent & font tomber en pluie, tandis que le peuple, aussi transporté de joie que si ces fleurs s'échappoient du ciel, s'écrie : *le mort est entré dans son paradis.*

J'oubliois de vous dire que les enfans du défunt sont autour de

lui dans leurs plus riches habillemens, & que le plus jeune porte
une torche allumée avec laquelle
il doit mettre le feu au bûcher. On
arrive au milieu d'un champ fermé
de murailles ; là, dans une fosse,
est dressé un bûcher, ayant une
table aux deux côtés, l'une char-
gée d'un grand brasier, & l'autre
de toutes sortes de rafraîchissemens.
Les Bonzes y placent le corps ; &
leur chef, prenant la torche allumée des mains du plus jeune des
enfans, la remue en tournant trois
fois autour du bûcher, comme nos
prêtres remuent l'encensoir : il la
rend ensuite à l'enfant dont il l'a
reçue, & celui-ci la jette à l'instant au milieu du bûcher. J'aime,

je l'avoue, madame, cette action religieuse d'un fils ; elle a je ne sais quoi de touchant, & qui invite à rêver sur la piété filiale que notre Europe connoît si peu aujourd'hui.

Lorsque le corps est consumé, la famille environne la table du brasier, y répand des parfums, & rend à genoux des adorations au mort, dont on suppose que l'ame est entrée en commerce avec ses dieux. Le lendemain, on va recueillir les cendres dans un vase doré & couvert d'un riche voile ; on le place à l'endroit même où étoit le bûcher ; il y demeure sept jours, après lesquels il est porté au lieu qui lui est destiné pour toujours ; & le piédestal sur lequel on l'élève porte gravés & le nom du mort & le nom de sa secte.

C'est alors que commence un deuil de deux ans, c'est-à-dire, qu'après s'être réjoui du bonheur du défunt, on se livre au regret de sa perte. Quoiqu'on le porte en blanc, ce deuil n'en est pas moins lugubre : il est formé d'un bandeau quarré, auquel est cousu un grand linge qui tombe par derrière comme un crêpe; d'une robe large fermée sur l'estomac & sans doublure, & d'une grande ceinture qui fait deux tours; le tout doit être d'une simple toile crue. On marche lentement sous cette livrée, les yeux baissés & les mains enfermées dans les manches; on s'abstient de tout plaisir ; on ne peut ôter la vie à aucun animal; aucun même ne peut paroître vivant dans les marchés, pendant l'année de deuil qu'on porte après la mort de l'empereur.

Fin du troisième Volume des Voyages.

www.ingramcontent.com/pod-product-compliance
Lightning Source LLC
Chambersburg PA
CBHW050316170426
43200CB00009BA/1344